Hans Hödl

BERGERLEBNIS SCHLADMINGER TAUERN

Die Wege zu den Gipfeln, Almen, Bergseen und Hütten

Hans Hödl

Bergerlebnis Schladminger Tauern

Die Wege zu den Gipfeln, Almen, Bergseen und Hütten

Steirische Verlagsgesellschaft

Gollingscharte und Hochgolling

Bild auf Seite 3 (Titelei)
Die Dachsteinwände spiegeln sich im Mittleren Gasselsee

Inhalt

II. Touren vom Lungau ausgehend

Blick auf den Höhenzug von der Zechnerkarspitze zu den Mitterspitzen

Schattensee mit Preber

Das Deneck über dem Sölkpass

III. Touren von der Krakau ausgehend

IV. Touren von der Sölkpassstraße ausgehend

Einleitung

Die Schladminger Tauern umfassen jenen gewaltigen Gebirgszug, der am Radstädter Tauernpass ansetzt und sich bis zum Sölkpass im Osten hinzieht. Die nördliche Begrenzung erfährt das Gebirge durch das Ennstal, im Süden bildet eine Linie von Tamsweg hinauf auf die Hochebene der Krakau und bis Schöder die Grenze, während im Osten die Sölkpassstraße bis Stein an der Enns das Gebirge von den östlich anschließenden Wölzer Tauern trennt.

Die Erschließung der Schladminger Tauern ist untrennbar mit einem Namen verbunden: Hans Wödl. Der im Jahr 1863 als Sohn eines Kaufmannes in Wien geborene, begeisterte Bergsteiger hatte die Schladminger Tauern nach einer Besteigung des Großen Wiesbachhornes 1885 auf der Heimreise zum ersten Mal vom Zug aus erblickt. Noch im selben Jahr wurde er Mitglied der Alpinen Gesellschaft Preintaler, die sich die heutigen Schladminger Tauern als hochalpines Arbeitsgebiet erwählt hatten. Bereits im folgenden Jahr schreibt Hans Wödl in sein Tourenbuch: „Unsere

Der Autor wünscht allen ungetrübte Bergerlebnisse

Leicht vereist, knapp unter dem Gipfel des Hochgollings

Touren erstrecken sich auf die culminierende Gipfelreihe, welche sich von der tief einschneidenden Radstädter Tauernhöhe (1738) in östlicher Richtung bis zur Sölker Tauernhöhe (1790) erstreckt und möchte für diesen Theil die spezielle Bezeichnung als Schladminger Tauern vorschlagen." Hans Wödl wurde nicht nur zum Erschließer dieses Tauernzuges, sondern gab als bester Kenner der Schladminger Tauern im Jahre 1924 seinen „Führer durch die Schladminger Tauern" heraus, „an der Schwelle des Greisenalters stehend", wie er ironisch bemerkt. In diesem Führer schreibt er über „sein" Gebirge: „Die überall zutage tretenden Spuren der Eiszeit sind bestimmend für das Antlitz ihrer Gipfel und für die Umrißbildung der Kare und Täler mit ihren zahlreichen Wasserfällen und Seen. An deren abgeschiedenen Gestaden und an den versteckten Einöden zeigt die Landschaft eine Großzügigkeit und Wucht, die im ersten Eindruck beklemmend ist, dann aber wie eine Offenbarung auf Augen und Sinne einwirkt."

Hans Wödl war der großer Erschließer, doch lange vor ihm hatte ein ganz Prominenter, Erzherzog Johann, die beiden höchsten Gipfel der Schladminger Tauern erstiegen, die Hochwildstelle und den Hochgolling. Am 19. August 1814 gelangte der Steirische Prinz, geführt vom Jäger Jakob Puchsteiner und in Begleitung seines Sekretärs Zahlbruckner auf den Gipfel der Hochwildstelle.
Aus den Tagebuchaufzeichnungen des Erzherzogs geht hervor, dass ein Seil benutzt wurde, das „der kühne Jäger Puchsteiner, der voranging, zwischen sich und dem Älpler Stadler, der den Zug beschloß, gespannt hielt". In den Schneeflanken wurden von zwei vorausgesandten Bergknappen Tritte geschlagen und zur Sicherheit Steigeisen angezogen. Der Prinz hielt auch fest: „Die Anstrengung aller Kräfte und die gänzliche Schwindellosigkeit ist unerlässlich." Eine bewundernswerte Leistung. Drei Jahre später kam der Erzherzog noch einmal

Almidylle am Schwarzensee

zur Hochwildstelle, diesmal hatte er einen seiner bekanntesten Kammermaler mit, Jakob Gauermann. Einen Tag vor dieser zweiten Ersteigung der Hochwildstelle am 29. August 1817 war der Erzherzog zum ersten Mal auf dem Gipfel des Hochgollings gestanden. Der Jäger Puchsteiner war auch dort der zuverlässige Führer, als Route ging man von der Steinwenderalm zur Gollingscharte und auf dem heutigen „Historischen Weg" (Normalweg) zum Gipfel.

Hält man sich vor Augen, dass der Erzherzog an zwei aufeinander folgenden Tagen diese beiden Gipfel schaffte, dann muss man seine Kondition bewundern, wenn auch anzumerken ist, dass Träger und Führer – also ein ganzer Tross – zur Gipfelmannschaft gehörten, die auch Käse, Brot, Butter und Wein mitschleppten.

Inzwischen sind ganze Heerscharen zu den Gipfeln dieses Gebirges gezogen, manche Berge sind Modeberge geworden. Dennoch haben die weiten Talwege, die Almen, Seen und die langen, meist steilen Gipfeltouren ihren Reiz bewahrt. Wie kaum in einem anderen Berggebiet des Landes kann in den Schladminger Tauern jeder sein ganz persönliches Bergerlebnis finden.

Im Großen und Ganzen werden in diesem Buch alle markierten Wege und Steige, alle Übergänge und Talwanderungen, alle Gipfeltouren von allen Himmelsrichtungen aus beschrieben.

In den letzten drei Jahren konnte ich mit meinen Freunden alle diese Wege begehen und deren Zustand überprüfen. Das verpflichtet mich, den Begleitern auf diesen Wegen zu danken, meinen Brüdern Gottfried und Sepp Hödl, Luis Ninaus und vor allem Erich Fließer, der mir zum unermüdlichen Bergkameraden wurde.

Ihnen, verehrte Leser und Bergfreunde, wünsche ich, dass Sie Ihre Planung, Ihre Ausrüstung und Ihr bergsteigerisches Können so an die Touren anpassen, dass Sie immer gesund und mit großem Bergerlebnis nach Hause kommen.

Graz, im Frühjahr 2006

Aufgrund der großen Nachfrage dürfen wir Ihnen nun eine aktualisierte und überarbeitete Neuauflage anbieten.

Graz, im Frühjahr 2009

Hans Hödl

Wissenswertes über die Schladminger Tauern

Echter Arnika, als Heilpflanze bekannt

Dazu sei vorausgeschickt, dass alle Angaben über die Geologie, die Flora und Fauna, das Brauchtum usw. nur fragmentarisch sind. Wer genaue Informationen darüber bekommen will, der muss sich mit der entsprechenden Fachliteratur auseinandersetzen. Dass hier dennoch einige Anmerkungen gemacht werden, hat seinen Grund darin, dass der Berggeher auf Landschaftsformen trifft, die den für das Gebirge spezifischen Charakter aufweisen. Ebenso verhält es sich mit den Tieren, die man unterwegs beobachten kann, und mit der Pflanzenwelt, die uns bis zu den Gipfelhöhen begleitet.

Einige Bemerkungen zur Geologie

In den Schladminger Tauern ist der Gesteinsaufbau nicht geschlossen, sondern vielschichtig und kompliziert. Die kristallinen Gesteine vom Radstädter Tauern ostwärts werden als „Murkristallin" bezeichnet. Ihr Umwandlung war schon vor der alpinen Gesteinsbildung abgeschlossen, es handelt

Beim Anstieg zum Bauleiteck

Über die Höhen zum Hinterfager, im Hintergrund die Steirische Kalkspitze

sich daher um ein sehr altes Gestein. Überall treten Gneise auf, die meist aus Graniten hervorgegangen sind. Dazu gibt es Glimmerschiefer und nahe an der Enns die Ennstaler Phyllite, das sind Grünschiefer, die Biotit und Hornblende enthalten und auch Granat führen. Stellenweise sind Marmorzüge eingestreut, so an der Straße nach Kleinsölk. Die Gneise sind meist fest, rau und ähnlich sind auch Granit und Tonalit. Die Schiefergesteine sind dagegen oft brüchig und rutschig, vor allem, wenn sie ungünstig geschichtet liegen.
Beispielhaft für die Entwicklung und geologische Beschreibung eines Teils der Schladminger Tauern möchte ich das Buch „Krakau – Ein Landschaftsführer“ von Reinhold Lazar und Karl Gerhard Lieb nennen, in dem die Landschaftsformen, die Gebirgs- und Gesteinszusammensetzungen sowie die in der Natur erkennbaren Formen, die durch die Eiszeit entstanden sind, hervorragend beschrieben werden.
Für den Bergsteiger und Bergwanderer sollen die charakteristischen Merkmale, die er bei den Touren dieses Buches antrifft, kurz angedeutet werden.
Die Gipfelwelt der Zentralalpen, die in diesem Buch erlebt wird, hat in den Schladminger Tauern eine durchschnittliche Höhe von 2500 m. Der Hochgolling mit 2863 m ragt als höchster Gipfel des Gebirgszuges über die anderen hinaus. Neben ihm übersteigen die Hochwildstelle, das Roteck, das Kasereck, der Preber, die Große Barbaraspitze und das Waldhorn die 2700-m-Marke. Dunkle Felsklötze, wild aussehende und meist verblockte Grate, vielfach

Kann man da vorübergehen?

geschichtete Schiefertrümmer, unzählige Kare, Letztere meist mit mehreren kleineren oder auch größeren Seen, Schutt und Blöcke, Bewuchs bis in die höchsten Felsregionen und überall herunterschießendes Wasser – so stellt sich die Schladminger Tauernlandschaft dar. Die Vielzahl der Bergseen geht auf die Eiszeit zurück, wo die höchsten Erhebungen die intensivste Vergletscherung aufwiesen und damit verbunden die größte Erosionstätigkeit, bei der ganze Gipfelstöcke abgetragen wurden (so soll beispielsweise der berühmte Klafferkessel entstanden sein!). Die Erosion schuf zu den großen steinerfüllten Karen die steilen Grate, die zu den Gipfeln ziehen, und auf den Geländestufen die vielen Lacken und Seen.

Zu Flora und Fauna

Beobachtungen und eigenes Erleben sollen hier zu Wort kommen. Denn wir erleben auf unseren Touren viele kleine Dinge oft schon am Wegrand und können bei entsprechendem Verhalten auch viele Tieren beobachten, so dass ich kurz darauf hinweisen möchte.

In den Schladminger Tauern ist der **Waldaufbau**

Steinböcke, in den Schladminger Tauern wieder eingebürgert und prächtig entwickelt

relativ einfach. Die Fichte dominiert, dazwischen gibt es Lärchen, wenige Tannen, relativ viele Ebereschen (Vogelbeerschnaps!) und in bestimmten Gebieten größere Zirbenbestände, etwa um die Rudolf-Schober-Hütte und im Lungau. Weite Latschenfelder überziehen auf trockeneren Standplätzen die Berghänge bis hoch hinauf, während auf den frischen Untergründen Erlenbüsche ein manchmal undurchdringliches Dickicht bilden. Die Waldgrenze reicht in den Schladminger Tauern manchmal bis über 1900 m hinauf und der Zwergstrauchgürtel bis 2300 m. Im Wald und über der Baumgrenze erfrischen uns Schwarzbeeren und Preiselbeeren. Je nach Jahreszeit sprießen auch viele Pilze aus dem Boden. Nicht nur einmal sind wir „beladen" nach Hause gegangen.

Von den **Blumen** erfreuen den Berggeher je nach Höhe und Jahreszeit das seltene Edelweiß, die viel verbreiteten Almrauschflecken, die Kohlröserln, der Stengellose Enzian, der Punktierte, Bayrische und der Schwalbenwurzenzian, der Echte Speik und der Blaue Speik, das Habichtskraut, das Knabenkraut, Arnika, ganze Polster des Alpen-Mannsschilds und mehrere Arten von Glockenblumen,

Die Clusius-Primel begegnet uns immer wieder in den Zentralalpen

Mit dem langen Teleobjektiv in der Brunft „geschossen"

Berganemonen seltener, Eisenhut sehr häufig und auf feuchtem Boden Trollblumen und Wollgräser. Was man wo antrifft, hängt davon ab, wann man unterwegs ist.
Die **Tiere,** die wir bei entsprechendem Verhalten auf unseren Touren beobachten können, seien hier ebenso ohne Wertung aufgezählt. Auf den hohen Rücken und Graten werden wir vor allem das Klettergenie der Alpen, die Gämsen, beobachten können. In den Lüften können wir in den Schladminger Tauern immer wieder kreisende Adler sehen, Bergdohlen und Kolkraben sind überall anzutreffen. Bussarde und Falken sieht man auch, ebenso Tannenhäher und in den Niederungen Eichelhäher. Schwieriger ist es, einen Auerhahn oder einen Spielhahn (Birkhahn) zu sehen, obwohl es deren in den Schladminger Tauern genug gibt. Den Kuckuck wird man zwar hören, aber nur selten sehen. Schneehase und Schneehuhn erlebt man nur bei einer Zufallsbegegnung. Leichter wird es sein, ein Murmeltier zu beobachten, vielleicht sogar zu fotografieren. Fuchs und Dachs sind äußerst scheu, dasselbe gilt für die Hirsche, nicht aber für Rehe, die man immer wieder ausmachen kann. Von den kriechenden Tieren begegnet uns der Alpensalamander oft, die Kreuzotter selten. Von den Wassertieren kommen zwei Arten am häufigsten vor: die Saiblinge und die Forellen. Krebse gibt es auch, wir haben öfters welche am Prebersee beobachtet. Für alle Wildbeobachtungen gilt: ein gutes Fernglas mithaben und sich naturkonform verhalten. Das heißt ganz einfach, den Mund zu-, Augen und Ohren aufmachen!

Von Bräuchen und Kulturellem

Bodenständiges Brauchtum und alte Traditionen sind Ausdruck von Lebensart und Glaubensvorstel-

Beim „Rauchen" in der Krakauebene

lungen. Dass durch den Tourismus vieles an echtem Brauchtum in Richtung Spektakel abgerutscht ist, dem der „verstädterte" Mensch mit Unverständnis gegenübersteht, ist bedauerlich. Aber es gibt noch echtes ursprüngliches Brauchtum in den langen Tauerntälern und auf den traditionellen Almen.

Rauchnächte und Perchtenläufe

Wenn wir den Jahresablauf hernehmen, dann sind die **Rauchnächte** zwischen Weihnachten und Dreikönig als Erste zu nennen. Entstanden aus heidnischen Überlieferungen, ist der Brauch des „Rauchens" als eine Art Segnung zu verstehen, bei der Gesundheit in Haus und Stall erbeten wird. Das Rauchen selbst vollzieht der Hausvater nämlich erst, nachdem vorher bestimmte Gebete nach Haustradition gesprochen und aus uralten Andachtsbüchern gelesen wurden. Dann gehen die Familienmitglieder mit der Räucherpfanne von Raum zu Raum im Wohnhaus und in die Stallungen. Weihnachten, Silvester und Dreikönig sind die wichtigsten Rauchtage. Durch diesen Brauch des Rauchens wurden aus den alten Raunächten, die vom Treiben der heidnischen Gottheit Frau Perchta erfüllt waren, die Rauchnächte.
Die heutigen **Perchtenumzüge** gehen auf kultische Bräuche der Kelten und Illyrer zurück. Man zog in Masken, um die bösen Geister zu täuschen, mit Schellen klingend und mit Füßen stampfend über die Felder, um sie von Winterunholden zu befreien. Zu diesen Schiachperchten gesellten sich die Schönperchten, die als Glücks- und Fruchtbarkeitsbringer die Wachstumsgeister der Natur beschwören sollten.

Faschingsrenner

Dass sich Orte bei ihrer Brauchtumspflege abwechseln, ist beispielweise in der Krakau anzutreffen. Da laufen in Krakauebene und Krakaudorf jeweils alternierend die **Faschingsrenner** am Rosenmontag (Faschingsmontag) von Hof zu Hof. Da ich den Brauch in Krakauebene vom frühen

Der Wegauskehrer muss bei jedem Hof über die gespannte Kette klettern

Morgen an bis zum Abend miterlebt habe, möchte ich diesen Brauch so schildern, wie er dort jedes zweite Jahr gepflegt wird. Um 4 Uhr früh rennen die Burschen in ihren „Trachten" beim westlichsten Bauern des Dorfes aus und sind den ganzen Tag von Hof zu Hof unterwegs. Bis zum Abend, beim „Gebetläuten" (18 Uhr) müssen sie am Kirchplatz eintreffen. Es darf nicht geläutet werden, solange nicht alle eingetroffen sind.
Überaus bunt ist die Gruppe, die vom „Wegauskehrer" angeführt

Die 24 „Schellfaschinge" unterwegs zum nächsten Hof, wo sie wieder ihr Kranzl oder Radl laufen

wird. Der muss sehr sportlich sein, da er als Erster die vor fast allen Hofeinfahrten gespannten Ketten (bis in eine Höhe von 2 m) überklettern muss, während der „Hühnergreifer" sich sofort umsieht, ob die Bäuerin Eier und Hafer bereitgestellt hat. Sollte sie das vergessen haben, stürzt er in den Hühnerstall und holt sich dort, was er an Federvieh erwischt.

Inzwischen formieren sich die 24 „Schellfaschinge" (mit Spitzkappe, Lederhose, weißem Hemd, Fransentücherl und Schellkranz) und die 4 „Glockfaschinge" (mit großen Kuhglocken, Steirerhut und Gamsbart) zum „Radl" oder „Kranzl",

bei dem sie unter Läuten und Schellen ihre Kreise laufen. Wenn das Laufen des Radls beendet ist, gibt es noch ein lautes Aufschellen, womit nach altem Glauben das Getreide im Boden aufgeweckt werden soll.
Die „Fettln" oder das „Gfettlach", die dem Zug als lustiges Volk angehören, werden vom Rossknecht mit dem Ross angeführt und suchen sich bereits ihre Opfer, gewöhnlich den Hausherrn, die Hausfrau oder sonst einen finanzkräftigen und neugierigen Zuseher. Das Ross wird verkauft, es muss außerdem beschlagen werden, bricht zusammen, wird notgeschlachtet und dem Schinder übergeben. Diese ganze Abfolge meint den scheidenden Winter, der unter den immer stärker werdenden Sonnenstrahlen sterben und dem Frühling Platz machen muss. Vom Verkaufen des Rosses bis zur Übergabe an den Schinder ist natürlich jeder Vorgang mit klingender Münze zu begleichen. Wer jetzt glaubt, dem Abkassieren entgangen zu sein, der täuscht sich. Noch warten der „billige Jakob", der „Wunderdoktor" oder der „Messerschleifer" aus der Schar der Fettln, und alle machen ihre Geschäfte.
Der Brauch hat in der Krakau eine kommunikative und gemeinschaftsfördernde, meist kulturelle Ausrichtung. Das Geld wird für den Ankauf von Musikinstrumenten oder für andere notwendige Anschaffungen verwendet.
Am Faschingsdienstag gibt es dann Freibier für alle, die mitgetan und gespendet haben. Um Mitternacht tritt noch einmal der „Wegauskehrer" auf und kehrt die ganze Gesellschaft aus dem Gasthaus hinaus. Die Fastenzeit hat begonnen.

Kirchliche Bräuche

Unter den Bräuchen, die mit dem Kirchenjahr zu tun haben, ist an erster Stelle das Sternsingen zu nennen. Die Buben und Mädchen der Jungschar ziehen von Haus zu Haus, singen ein Dreikönigslied, außerdem stellen sich die Könige einzeln mit Sprüchen vor und bitten um eine Gabe für Projekte in der Dritten Welt.
Je nach Ort und Gegend sind die **Palmbuschen** verschieden, die am

Beim „Großen Umzug“ in der Grogga (Krakau)

Die Marterln erzählen meist von Unglücksfällen

Palmsonntag zur Palmweihe gebracht und dann nach Hause getragen werden, wo sie im Herrgottswinkel ihren Platz finden oder an Ackerrainen oder im Stallbereich befestigt werden. In einigen Gebieten ist es noch Brauch, dass die alten Palmbuschen in jenes Herdfeuer geworfen werden, über dem am Karsamstag der Osterschinken gekocht wird.

Nicht unerwähnt soll die österliche **Speisenweihe** bleiben, die sogar in den Städten noch viele Menschen mit ihren Körben voll Brot, Eier, Schinken und Kren in die Kirchen führt.

Kleine **Kreuze aus Weidenruten** werden noch vielerorts an die Stalltüren genagelt oder an Weidezäune auf den Almen bzw. an Ackerrainen und Wiesen in die Erde gesteckt. Sie sollen das Böse fernhalten sowie Fruchtbarkeit und gute Ernte bewirken.

Umzüge und Prozessionen sind ebenfalls zu nennen, die mit großer Musikbegleitung, Böllerschießen und unter Mitwirkung der Ortsvereine stattfinden. Besonders die Fronleichnamsprozession ist einerseits Ausdruck gläubiger Gesinnung, andererseits aber auch Gelegenheit, die ganze Farbenpracht des Vereinslebens zur Geltung zu bringen. Die Vielfalt dessen, was im Jahr geerntet wurde, zeigt sich beim **Erntedankfest.** Da werden die Früchte der Äcker und Bäume in die Kirchen gebracht und um den Altar ausgebreitet – ein farbenprächtiges Bild.

Auf den Wegen dieses Buches wird man als Bergsteiger und Wanderer immer wieder auf **Marterln** stoßen, die an Unglücksfälle erinnern, dem Betrachter kurz den Hergang des Unglücks schildern und ihn um ein Gedenken ersuchen. Abgestürzt, vom Baum erschlagen, vom wildgewordenen Stier zu Tode geschleift, vom Herztod überrascht, von einer Lahn (Lawine) mitgenommen, vom Blitz getroffen oder im Wettersturz umgekommen, so lesen sich die häufigsten Ursachen dieser Schicksale.

Almfest und Bräuche

Zu den beliebtesten Festen gehören die **Almkirtage,** die mit **Bergmesse,** Musik und Tanz, manchmal auch mit Viehhandel Gelegenheit zum Feiern geben.

Wer sich für Pferde interessiert, der sollte sich den großen **Pferdemarkt** in der zweiten Augusthälfte in Schöder vormerken, wo Haflinger, mächtige Noriker und andere Pferde präsentiert und gehandelt werden.

Dass auf den Almen, die noch Almwirtschaft betreiben und die Milch selbst verarbeiten, der **Steirerkas** (Almkas, bröselig oder mit Kümmel) angeboten wird, gehört genauso zum Almleben wie die Almkrapfen/Roggenkrapfen, die im Ennstal mit dem „Bröselkas" gefüllt werden. Durchaus deftig, aber sättigend.

Die Almen bieten herrliche Produkte, die Tiere strotzen von Gesundheit

Beim „Kochen" des echten Brennsterzes (alte Holzfällerkost)

Den echten **Brennsterz,** den die Holzknechte früher über dem offenen Feuer zubereitet haben, wird man nur mehr ganz selten finden. Dabei wird über der aus Holz zusammengezapften und mit Steinen ausgelegten Feuerstelle ein ordentlicher Batzen Schweineschmalz in einer gusseisernen Pfanne zum Sieden gebracht, darauf das Mehl eingerührt und so lange „umgedreht", bis das gesamte Fett in den Brennsterz eingezogen ist. Das Ganze wird dann mit kleinen Bohnen „veredelt". Eine köstliche Speise, aber nichts für Diätfreunde.

Mit dem Ausbau der Forststraßen hoch auf die Almen hinauf ist der **Almabtrieb** im Herbst in manchen Gebieten fast gänzlich verschwunden. Es ist einfacher und bereitet den Tieren weniger Mühe, auf dem Anhänger eines Traktors die Heimreise anzutreten als stundenlang nach Hause zu traben. Dennoch hat sich der Almabtrieb noch in einigen Gegenden erhalten. Dabei gelten verschiedene Regeln, je nach Gebiet. So gibt es keinen festlichen Almabtrieb, wenn sich Unglücksfälle ereignet haben. Zum Abtrieb werden die Tiere mit Kränzen und Schleifen geschmückt, dem Zug

Beim Schießen am Schattensee. Es wird auf die Wasseroberfläche geschossen, von wo das Geschoss abprallt und in die Scheibe trifft

voraus gehen oft Schnalzer mit langen Peitschen, und das Bimmeln der Kuhglocken erhöht die freudige Stimmung in der sonst ruhigen Herbstlandschaft. Oft verteilen die Bäuerin, die Sennerin und die Familienangehörigen knusprige kleine „Reinggalan", aus süßem Teig herausgebacken, an Freunde, Bekannte und Zaungäste.

Samson und Preberseeschießen (auch beim Schattensee)

Die Figur des Riesen Samson wurde im Lungau seit alters präsentiert. Als steirische Gemeinde kennt Krakaudorf den Samsonumzug seit vielen Jahrzehnten. Neuerdings sprießen die **„Samson"-Umzüge** allerdings auch aus der Touristik-Retorte. Da mit der prächtigen Figur Geschäft zu machen ist und viele Neugierige angelockt werden, tauchen immer neue Umzüge auf.
Doch wir wollen beim Bodenständigen und Echten bleiben. Da müssen sofort Tamsweg (schon seit 1635), Lessach und Krakaudorf genannt werden, wo der Samson lange Tradition hat. Die Riesenfigur des Samson dürfte auf zwei Wurzeln zurückgehen: auf die barocken Fronleichnamsumzüge, wo man solch riesige Figuren als biblische Gestalten mitführte, und auf uralte Riesenfiguren, die man in frühzeitlichen Ackerbaukulturen bei kultischen Umgängen herumgetragen haben soll.
In Krakaudorf ist der Samson untrennbar mit der Schützengarde verbunden. Die Riesenfigur des Samson wird von nur einem Mann getragen, vier Burschen unterstützen ihn, wenn er zum Tanz ansetzt. Der Brauch ist heute ein gesellschaftliches Ereignis, da die Honoratioren des Ortes, des Bezirkes (in dieser Reihenfolge) und illustre Gäste durch eine Salve der Schützenkompanie und einen Tanz des Samson gehrt werden. So viel Ehre hat natürlich auch ihren Preis.
Eine Besonderheit, die alle Schützen interessieren dürfte, ist das seit vielen Jahren geübte **Preberseeschießen,** das bis vor wenigen Jahren nur auf dem Prebersee (im Lungau) stattfand. Bei diesem Scheibenschießen schießt der Schütze mit dem

Der Samson mit der prächtigen Schützengarde in Krakaudorf

Kleinkalibergewehr nicht direkt auf die Zielscheibe, sondern auf das Spiegelbild der Scheibe im Wasser, von wo das Geschoß abprallt und die Scheibe trifft.
Vor etwa zehn Jahren hat man herausgefunden, dass auch in der Steiermark auf dem Schattensee in Krakauschatten ein solch indirektes Schießen möglich ist. Seither wird es von den Schützen mit Begeisterung durchgeführt.

Gipfelrast am Rippeteck

Hinweise für Wanderer und Bergsteiger

Im vorliegenden Buch werden mittels 60 Einzeltouren und der Durchquerung der gesamten Schladminger Tauern alle markierten Wege, Steige, Gipfelzustiege und Übergänge beschrieben oder auf sie hingewiesen.
Die Reihenfolge der Touren beginnt im westlichen Ennstal von Forstau aus und geht bis ins Kleinsölktal bei Stein an der Enns. Dann folgen die Touren im Lungau, jene vom Hochtal der Krakau und schließlich die Wege und Steige, die von der Sölkpassstraße zu den Tauerngipfeln ziehen.

Sicherheit am Berg

Die Bergwelt gehört zu den gesündesten und erholsamsten Regionen, die der gestresste Mensch von heute aufsuchen kann. Doch es lauern Gefahren am Berg, nicht nur für die extremen, sondern noch mehr für die normalen Berggeher. Es ist leider statistisch erwiesene Tatsache, dass hinter

Auf dem Weg zur Landawirseehütte, im Hintergrund die Samspitze

den Schiunfällen und Lawinentoten bereits an zweiter Stelle die verunglückten Bergwanderer aufscheinen.

Es gibt zweifache Ursachen, die zu einem Bergunfall führen, die objektiven und die subjektiven. Unter den **objektiven Gefahren** sind jene zu nennen, die von den Bergen ausgehen. Wetterstürze, verbunden mit Temperaturabfall, mit Schnee und Nebel, oder Steinschlag und Gewitter. Ausbrechende Steine (Haltegriffe), Restschneefelder, steiles Gelände mit hohem Bürstlingsgras bilden ebenfalls objektive Gefahrenmomente.
Allerdings lösen nicht diese objektiven Gefahren die meisten Unfälle aus, sondern die **subjektiven Gefahren,** die vom Bergsteiger und Bergwanderer selbst heraufbeschworen werden. Dazu müssen mangelnde Ausrüstung, Überschätzung der eigenen Fähigkeiten, zu wenig Training, Leichtsinn, falsches Einschätzen der objektiven Gefahren, zu wenig Bergerfahrung auf schwierigen Touren, Konzentrations- und Koordinationsmängel bei körperlicher oder geistiger Ermüdung usw. gerechnet werden. Die Unfallstatistik ergibt, dass rund 80 Prozent der Unfälle menschliches Fehlverhalten als Ursache haben. Darum einige Hinweise für die Sicherheit am Berg.

Verhalten vor der Tour

Plant man eine Tour, so muss man sich das geeignete **Kartenmaterial** besorgen, auf dem An- und Abstiegswege gut dargestellt sind. Das Kartenstudium kann man sich nur dann ersparen, wenn man von einem Gebietskenner oder erfahrenen Bergkameraden begleitet wird.
Ist man im Sommer unterwegs, dann ist **früher Aufbruch** dringend anzuraten, da die Gewitter ab

Beim Aufstieg zum Rippeteck, im Hintergrund der gesamte Dachsteinstock

der Mittagszeit aufzutreten pflegen. Um diese Zeit sollte man im Normalfall bereits in Hüttennähe sein. Das Einholen von Wetterprognosen vor der Tour und die Beobachtung der **Wetterentwicklung** sind Selbstverständlichkeiten. Sind Schlechtwetterfronten angesagt, dann lieber auf eine Tour verzichten. Bei den großen Überschreitungen, Höhenwegen und Gipfeltouren dieses Buches muss sicheres Wetter vorausgesetzt werden.

Verhalten während der Tour

Grundsätzlich soll jede **Gruppe immer zusammenbleiben** und sich an **markierte Wege** halten. Abkürzungen sind meist bedenklich. Bei einer Gruppe bestimmt der schwächste Geher das Marschtempo. Hütten- und Gipfelbücher sind nicht in erster Linie der Platz für witzige Bemerkungen, sondern beim alpinen Notfall oft ein wichtiger Hinweis. Die Eintragung, wohin man weitergeht und wann man weggegangen ist, kann im Notfall das Auffinden durch die Bergrettung beschleunigen oder überhaupt erst ermöglichen. Kommt man in Schwierigkeiten, dann gilt grundsätzlich: zusammenbleiben! Wer die meiste Erfahrung hat, entscheidet, was zu tun ist. Beim Finsterwerden einen **Biwakplatz** suchen (Höhle, Unterstandsmöglichkeit, geschützte Stelle). Ein **Biwaksack** bietet Schutz und Platz für drei Personen. Hat man eine Kerze und Zündhölzer mit, dann kann die brennende Kerze im Biwaksack die Temperaturen im Plusbereich halten.

Dann heißt es, das alpine Notsignal geben: Innerhalb einer Minuten wird 6-mal in regelmäßigen Abständen ein Zeichen (Rufen, Lichtsignal usw.)

Knapp unter dem Bauleiteck, Gipfelrast bei starkem Wind in geschützter Mulde

gegeben (ein Pfeiferl kann sehr brauchbar sein!), dann Pause von einer Minute. Hierauf beginnt man wieder von vorne usw. Die Antwort ist ein Zeichen, das aber nur dreimal gegeben wird. Sollte man vom **Nebel** überrascht werden und hat man die Orientierung verloren, dann heißt es: *sofort* stehen bleiben und *sofort* die Richtung markieren, aus der man gekommen ist. Später weiß man nicht mehr, aus welcher Richtung man kam. Ist die Richtung markiert, beginnt man langsam zurückzusuchen, während man mit den Kameraden ständig in Rufverbindung bleibt. Im Normalfall kann so die letzte gute Markierung bald gefunden werden. Ist sie nicht zu finden, dann auf ein Biwak vorbereiten.
Trotz gewissenhafter Tourenplanung und Vorbereitung kann man von einem **Gewitter** überrascht werden. Für das richtige Verhalten gelten folgende Regeln: ausgesetzte Höhen, alle Grate, Wasserläufe und einzelne Bäume unbedingt meiden. Gegenstände aus Metall beiseite legen. Als Gruppe nicht zusammenbleiben, sondern sich im Gelände verteilt hinhocken.

Ein kräftiger Schluck zur Stärkung auf dem Rantentörl, dahinter die Knarrnspitze

Trotz aller Einschränkungen, die uns die verschiedenen Netze auferlegen, ist ein **Handy** manchmal lebensrettend.

Zur Ausrüstung

Es soll hier nur auf einige wesentliche Punkte hingewiesen werden. Beginnen wir bei den **Schuhen.** Oberster Grundsatz muss sein, dass der Schuh in dem Gelände, in dem man unterwegs ist, sicheren Halt bietet. Dazu muss er bequem sein, und ein wasserdichtes Oberflächenmaterial ist anderen vorzuziehen. Ein Dämpfungskeil im Fersenbereich ist heute wohl schon eine Selbstverständlichkeit. Ganz wichtig ist, dass der Bergschuh im Knöchelbereich einen fest Halt bietet. Je steifer der Schuh um den Knöchel, umso sicherer ist das Auftreten auf schmalen Leisten und kleinen Tritten. Eine gute Profilsohle (am besten weicher) bietet den sicheren Halt im Geröll, Steilgras, Schotter und Fels.

Bei der **Wäsche,** den **Pullovern** usw. neigt man heute zu Kunstfasern, welche die Feuchtigkeit nach außen transportieren. Als Anorak kommt eigentlich nur ein guter **Goretex-Anorak** in Frage. Darauf achten, dass alle Nähte gut verschweißt sind. Eine **Überhose** aus Goretex kann bei Gewitter und Regen nur empfohlen werden (besonders bei großen Touren).

Bei solchen Touren gehört in den **Rucksack:** Reservewäsche, Alu-Rettungsdecke, Biwaksack, Kopfbedeckung, Handschuhe, Messer, Taschenlampe, Hüttenschuhe und Hüttensack (Leintuch für Lager), dazu Heftpflaster, notwendige Medikamente und Kartenmaterial. Jause und Getränke stellt jeder selbst zusammen. In den Schladminger Tauern gibt es Wasser in Hülle und Fülle, Elektrolyttabletten reichern das Wasser an. Dabei auf Magnesium nicht vergessen, es beugt Krämpfen vor und schützt das Herz.

Ob **Stöcke** verwendet werden, sei jedem überlassen. Da ich Gelenksoperationen hinter mir habe, benütze ich Teleskopstöcke jetzt bei allen Touren, vor allem beim Abstieg. Allerdings verliert man durch die Verwendung der Stöcke an Balance-Gefühl.

Putzentalalm: sie gehört zu den schönsten und viel besuchten Almen

Wegbeschreibung und Zeitangaben

Die Wanderungen sind in der angegebenen Richtung beschrieben, die Bezeichnung „rechts" und „links" ist jeweils in Gehrichtung zu verstehen. Die angegebenen **Wegzeiten** sind Durchschnittswerte. Es handelt sich um die *reine Gehzeit!* Die Touren sind abgegangen und überprüft, doch ergeben sich bei der Zeitfestlegung immer subjektive Schwankungen. Die Tagesverfassung, eine mögliche schwere Tour am Vortag (schwerer Rucksack) haben auf diese Angaben natürlich Einfluss. Da ich beim Abstieg langsamer und vorsichtiger geworden bin, werden manche die angegebenen Zeiten unterbieten.

Karten, Skizzen, Markierungen und Telefonnummern

Es wurden die **Karten** 1:50.000 von freytag & berndt und des Bundesamtes für Eich- und Vermessungswesen verwendet. Die Namen und Höhenangaben differieren in manchen Karten, ich habe mich an die Angaben der örtlichen „Experten" gehalten, wo ich solche bekommen konnte. Wie schwierig das sein kann, habe ich bei der Tour zum Gummaberg vermerkt. Dennoch wird sich jeder sofort zurecht finden.
Die **Markierungen** sind einheitlich rot-weiß-rot, die Wegnummern aber nur selten anzutreffen. Die Kartenskizzen dienen der Information, sie ersetzen bei schwierigen Touren eine gute Karte nicht. Über die Schwierigkeiten jeder einzelnen Tour wird jeweils genau informiert.
Bei vielen Wegen, Steigen und Touren kann ein erstes Ziel (Alm, See, Hütte) für alle zu gehen sein, der angepeilte Gipfel aber nur für Geübte (ist angegeben).
Die angeführten **Telefonnummern** für Hütten, Tourismusverbände, Gasthäuser usw. entsprechen dem Stand von Anfang 2006.

Umweltfreundliches Verhalten

Lärmen, Steine-Ablassen, Zurücklassen von Papierln, Plastiksackerln und Aludosen sind für jeden umweltbewussten Berggeher verpönt. Denken wir auch daran, dass wir unseren Kindern ein gutes Beispiel geben wollen. Wir müssen unsere Natur unbedingt sauber halten.

Beim Aufstieg zu den Sauofenseen, im Hintergrund der lange Kamm zum Bauleiteck

Wichtiger Hinweis

Alle Angaben dieses Buches sind nach Überprüfung nach bestem Wissen und Gewissen des Autors gemacht worden. Es können aber weder der Autor noch der Verlag eine Haftung irgendwelcher Art übernehmen.

Bild auf Seiten 28/29: Blick zum Hochgolling

I. Touren vom Ennstal ausgehend

1 Trinkeralm ca. 1770 m und Hinterfager 1967 m

Zum „Aussichtsbalkon“ der Trinkeralm und leichte Höhenwanderung

TOUR AUF EINEN BLICK

Anfahrt
Von der Straße Forstau–Radstadt nach Süden zur Seitenalm hinauf. Auf der Höhe Abzweigung der 8 km langen, mautfreien Bergstraße zur Trinkeralm.

Karte
freytag & berndt, Wanderkarte 1:50.000, WK 201 (Schladminger Tauern) – Österreichische Karte 1:50.000, Blatt 126 (Radstadt).

Wegverlauf/Gehzeiten
Von der Trinkeralm zum Mitterfager und über die Höhen zum Hinterfager (1 ½ Std., Abstieg 1 Std.).

Charakteristik
Prachtvolle Höhenwanderung im leichten Auf und Ab zwischen Latschen und Almrausch

Die Höhenwanderung von der Trinkeralm zum Hinterfager gehört zu den Genusswanderungen, die man auch mit mäßiger Kondition oder als Familienwanderung machen kann. Die Ausblicke sind schlichtweg sensationell. Das beginnt schon auf der Trinkeralm. Wie von einem Aussichtsbalkon blickt man hinüber zu den großen Dachsteinwänden, zur Bischofsmütze, zum Tennengebirge und zum Hochkönig im Westen, während der Blick ostwärts bis zum Grimming reicht.

WEGBESCHREIBUNG

Vom gastlichen Haus auf der Trinkeralm folgt man der zuerst spärlichen Markierung über die Almböden gegen den Mitterfager, Weg 715. Einzelne Lärchen, Latschenflecken und die Seile des Skiliftes begleiten uns bis zur Bergstation des Liftes. Dann beginnt die Wanderung über die Höhe mit dem tollen Panorama: Im Süden bauen sich mächtig die beiden Geißsteine auf, links davon ist der Weg von der Vögeialm zum Oberhüttensattel ein-

Die Trinkeralm mit ihrem Bilderbuchblick zu den Dachsteinwänden

zusehen, die Kalkspitzen schließen an, während Hochgolling und Höchstein unzählige Grate und Gipfel überragen.

Man schaut und wandert über mehrere Kuppen dahin, dann wieder in eine kleine Senke abwärts, um gleich darauf wieder zwischen Latschen an Höhe zu gewinnen, bis das schlichte Holzkreuz auf einem Felsspitz signalisiert, dass der Hinterfager erreicht ist. Schauen und Genießen sind angesagt. Vom Talboden grüßt Radstadt herauf, dahinter erheben sich die weiten Flanken des Rossbrandes. Der Rückweg ist gleich, doch nicht monoton, denn nun rückt das Panorama des nördlichen Ennstales immer eindrucksvoller ins Blickfeld.

TOUR AUF EINEN BLICK

Einkehr/Hütten

Trinkeralm-Haus der Familie Buchsteiner. Bewirtschaftet von Anfang Juni bis Mitte Oktober (je nach Wetter auch länger). Tel. 06454/84 42.

Information

Tourismusverband Forstau,
Tel. 06454/83 25.

2 Vögeialm 1383 m Oberhüttensee ca. 1860 m Seekarscharte 2022 m

Pfeiffende Murmeltiere und eine interessante Runde mit Tauernsee

TOUR AUF EINEN BLICK

Anfahrt
Von Forstau, Ortsmitte, auf mautfreier Forststraße 10 km zur Vögeialm.

Karten
freytag & berndt, Wanderkarte 1:50.000, WK 201 (Schladminger Tauern) – Österreichische Karte 1:50.000, Blätter 126 (Radstadt), 127 (Schladming).

Wegverlauf/Gehzeiten
Von der Vögeialm durch Wald hinauf zur Oberhütte und zum Oberhüttensee (1 ½ Std.). Weiter zum Oberhüttensattel und über wasserreiche Höhen (Bäche und Lacken) zur Seekarscharte (1 ½ Std.).
Von dieser durch das Klamml zurück zur Vögeialm (1 ½ Std.). Insgesamt 4 ½ Std.

Die vorgeschlagene Runde bietet zwar keinen Gipfel, ist aber dennoch ein großes Erlebnis. Der geruhsame Oberhüttensee, der Blick auf die beiden Kalkspitzen, die vielen Wasserläufe und kleinen Seen, das Schreiten über die Almböden und der steile Abstieg durch das Klamml bestimmen den Reiz der Runde, die durch die beiden Hütten mit ihren bäuerlichen Spezialitäten eine zusätzliche Aufwertung erfährt.

WEGBESCHREIBUNG

Auf dem steinigen Fahrweg, der von der Vögeialm zur Oberhütte führt, beginnt der Anstieg. Man könnte auf dieser Almstraße bis zur Hütte gehen. Interessanter ist aber der Fußweg, der gleich nach Überschreitung eines Baches nach rechts auf die Wiesenböden ausweicht und durch Wald höher zieht. Er benützt kurz eine alte Alm-

zufahrt, um dann wieder im Wald steinig anzusteigen.
Der Oberhüttenbach wird auf einem Steg überquert, dann tut sich eine schöne Almwiese auf. Bei unserem letzten Aufstieg pfiffen da mehrere Murmeltiere aufgeregt durcheinander (ruhig verhalten und Fernglas mitnehmen).
Links des Baches erreicht man durch Latschenfelder schließlich die Oberhütte und den dahinter liegenden See. Schöner Platz mit Blick zu Brotrinnl, Meregg und zur Lungauer Kalkspitze.
Weiter steigt man zum Oberhüttensattel an und wendet sich dort nach rechts (Westen, Weg 702) zur Seekarscharte. Der Steig zieht über die teils steinigen Böden an mehreren Lacken und Geländetrichtern vorbei (viel Eisenhut). Da sollte man zurückblicken zu den beiden Kalkspitzen! Sehr eindrucksvoll!
Mit ca. 2100 m überschreitet der Pfad die größte Höhe und erreicht abwärts über weite Almböden (wieder kleine Seelein und Lacken) die Seekarscharte mit Blick auf Obertauern, leider trüben da die Liftanlagen das Naturerlebnis.
Jetzt wendet man sich nach rechts (Norden, Weg 769) und geht zum Klamml abwärts. Rund 200 Höhenmeter tiefer ruht ein kleiner einladender See, an dem der Steig rechts vorbei zieht und unter den Steilflanken der Sonntagkarhöhe in den Wald abwärts führt. In der Erlenbuschzone geht es über viele steinige Stufen (aufpassen, wenn nass!), dann holt der Steig weit nach links aus und zieht in einem großen Bogen hinunter auf die Vögeialm.

GIPFELMÖGLICHKEITEN

Steirische und Lungauer Kalkspitze: siehe dazu Seite 36.
Sonntagkarhöhe: Vom Sattel (2100 m) kann man nordwärts nach Wegspuren frei auf den Gipfel ansteigen. Zuerst über Steine, dann über den Rasenkamm. Mehraufwand 1 Std. hin und zurück.

Familienwanderung zum Oberhüttensee, ganz hinten die Steirische Kalkspitze

TOUR AUF EINEN BLICK

Charakteristik
Idyllischer Platz am Oberhüttensee, Höhenwanderung gegen Obertauern über Almböden mit reicher Flora (viel Eisenhut) und Lacken.

Einkehr/Hütten
Vögeialm, Übernachtung für ca. 20 Personen, bewirtschaftet Juni bis Anfang Oktober (je nach Wetter), Tel. 0664/311 74 95. – Oberhütte am See, Übernachtung für 34 Personen, bewirtschaftet von Mitte Juni bis Oktober (je nach Wetter),
Tel. 0664/916 97 28.

Information
Tourismusverband Forstau,
Tel. 06454/83 25.

3 Reiteralm 1741 m Gasselhöhe 2001 m Rippeteck 2126 m Schober 2133 m Mittersee (Spiegelsee)

Zu drei Gipfeln und zum berühmten „Spiegelsee“

TOUR AUF EINEN BLICK

Anfahrt
Von Pichl an der Enns auf Mautstraße zur Reiteralm und bis zur Gasselhöh-Hütte (ca. 13 km).

Karten
freytag & berndt, Wanderkarte 1:50.000, WK 201 (Schladminger Tauern) - Österreichische Karte 1:50.000, Blatt 127 (Schladming).

Wegverlauf/Gehzeiten
Von der Gasselhöh-Hütte nach rechts auf die Gasselhöhe, weiter zum Rippeteck (2 Std.), dann hinunter zu den Gasselseen und zum Ausgangspunkt (1 ½ Std.), insgesamt 3 ½ Std.
Wer vom Obersee den Schober „mitnimmt“, muss 1 Std. dazugeben.

Charakteristik
Almaufstieg zur Gasselhöhe, dann Kammwanderung zum Rippeteck. Steil hinab zum Oberen Gasselsee. Bilderbuchfotos vom berühmten Mittersee („Spiegelsee“) mit Dachsteinwänden.

Einkehr/Hütten
Gasselhöh-Hütte, bewirtschaftet von Mitte Juni bis Anfang Oktober. - Reiteralmhütte, bewirtschaftet von Juni bis Oktober, Tel. 0664/983 76 07 und 0664/224 99 47. Beide Hütten haben keine Übernachtungsmöglichkeit.

Information
Tourismusbüro Pichl, Tel. 06454/73 808.

Die Reiteralm ist als Wintersportzentrum bekannt. Doch auch im Sommer lockt ein Highlight viele Wanderer und Fotografen auf die Alm, der berühmte „Spiegelsee“. In seinem Wasser spiegeln sich nämlich die Südwände des Dachsteinstockes, ein besonderes Erlebnis für jeden Bergsteiger. Auch ganze Heerscharen von Berg- und Naturfotografen ziehen an sein Ufer und warten geduldig, bis das Wasser ruhig daliegt und die Dachsteinwände den erhofften Hintergrund abgeben. Dazu gibt es eine tolle Gipfelrunde mit drei Zweitausendern.

WEGBESCHREIBUNG

Von der Gasselhöh-Hütte wählt man den Steig, der rechter Hand auf den Bergkamm und zur Bergstation des Sesselliftes hinaufzieht.
Dann folgt man der Markierung 772 über den breiten Rücken zum ersten Zweitausender der Runde,

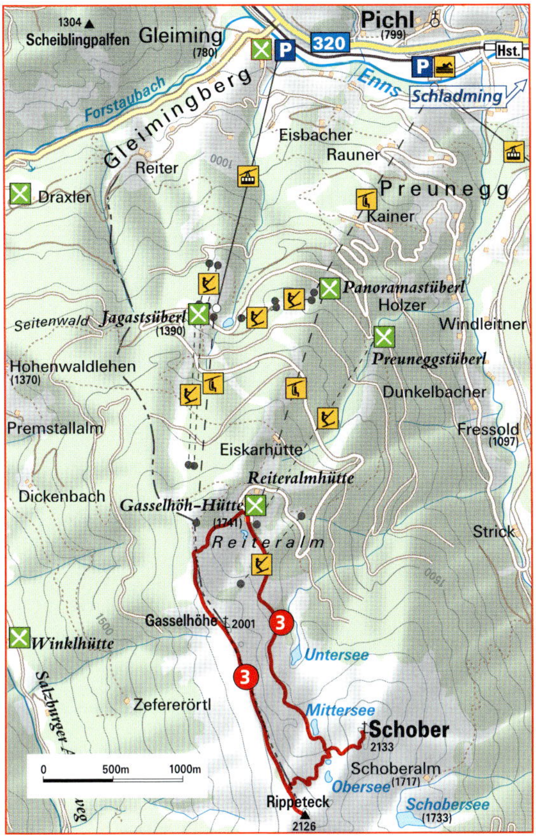

der Gasselhöhe. Weiter geht es über die Höhen ohne große Steigungen auf das südlich sichtbare Rippeteck zu. Zwischendurch wird der Steig etwas schmal, an einer Stelle steigt man über kleine Felsplatten. In der Senke vor dem Rippeteck zieht links der Steig hinunter zum Obersee.
Wer aber die Gipfel besteigen will, der folgt dem geröllerfüllten Steig in wenigen Minuten zum Rippeteck-Gipfel. Herrliche Rundsicht. Nun zurück zur Senke und rechts hinab (schottrig, aufpassen) zum kleineren der zwei Oberen Seen. Dort zweigt auch der Steig zum Schober ab, der in der Westflanke hochzieht und Trittsicherheit verlangt. Für den Aufstieg und wieder zum Obersee herunter muss 1 Stunde eingeplant werden.
Vom Obersee geht man auf die nächste Geländestufe abwärts und tritt ans Ufer des Spiegelsees (Mittersee). Die Faszination ist groß, wenn der Wind schweigt und das Wasser glatt in der breiten Mulde ruht.
Zur Hütte zurück folgt man dem Weg links am See entlang, steigt ein steileres Stück ab und wählt dann den Weg, der unter der Gasselhöhe die Bergflanke in ganzer Länge quert. Gegen Ende der Querung sind Passagen mit Drahtseil gesichert.
Wer nur zum Spiegelsee will, der könnte auf diesem Weg (Nr. 66) in 1 Std. von der Hütte direkt zum Spiegelsee gelangen.

Der „Spiegelsee" lockt mit den „Dachsteinwänden im See" jährlich Hunderte an

4 Ursprungalm 1604 m Giglachseen 1921 m Steirische Kalkspitze 2459 m Lungauer Kalkspitze 2471 m

Schöne Alm, prächtiger Almsee auf dem Weg zu den Hausbergen der Ursprungalm

TOUR AUF EINEN BLICK

Anfahrt

Von Pichl an der Enns auf Mautstraße zum großen Parkplatz bei der Ursprungalm. Fahrt auch mit Bus ab Schladming und Rohrmoos, Auskunft unter Tel. 03687/220 42-130.

Karten

freytag & berndt, Wanderkarte 1:50.000, WK 201 (Schladminger Tauern) – Österreichische Karte 1:50.000, Blatt 127 (Schladming).

Wegverlauf/Gehzeiten

Von der Ursprungalm zum Preuneggsattel (1 Std.) bzw. zum Giglachsee, weiter auf die Ahkarscharte (1 ¼ Std.) und von dort auf die beiden Kalkspitzen (jeweils ½ Std.). Aufstieg für beide Kalkspitzen insgesamt 3 ½ Std. Abstieg zur Ursprungalm 1 ½ Std.

Charakteristik

Leichte Almwanderung zum Preuneggsattel und Giglachsee. Für Bergsteiger steiler Anstieg zur Ahkarscharte, dann leichter auf die Lungauer, schwieriger auf die Steirische Kalkspitze (Aussichtsgipfel).

Die Ursprungalm mit den alten Hütten, den zerzausten Lärchen, Föhren und Almrauschflecken ist ein besonders einladender Platz, über dem sich die hellen Wände der Steirischen Kalkspitze zum Himmel türmen. Das wusste auch Michel Douglas zu schätzen, denn hier drehte er 1986 seinen „Heidi"-Film. Die Film-Hütte kann besichtigt werden.

Als Familienausflug geht man auf den Preuneggsattel und zu den beiden Giglachseen, die Bergfreunde werden die beiden Kalkspitzen besuchen.

WEGBESCHREIBUNG

Auf dem Fahrweg (Weg 771) steigt man zwischen luftigen Lärchen und Almrauschstauden zum Preuneggsattel an. Dort kurzer Abstieg zu den Giglachseen oder nach links zur Ignaz-Mattis-Hütte. Herrlicher Platz, tolle Sicht in die Tauern. Das reicht für die Familienwanderung.

Die Berggeher aber setzen an der Giglachseehütte vorbei zum Znachsattel fort (Übergang in den Lungau). Dort nach rechts und in Serpentinen auf schottrigem Steig (Zentralalpenweg 702) über den folgenden Aufschwung steil aufwärts. Das letzte Stück zur Ahkarscharte wird wieder flacher.

Dort heißt es sich entscheiden: Links auf die Lungauer Kalkspitze oder rechts auf die Steirische. Der Weg zur Lungauer ist bequemer. In gut 20 min. ist sie erreicht. Tolle Sicht zu den Giglachseen, zu Znachspitze und Engelkarspitze (mächtig im Vordergrund), zu Golling, Höchstein, Hochwildstelle usw.

Zur Steirischen Kalkspitze folgt man dem Steig bis zum felsigen Rücken gerade aufwärts, bis er in die linke Flanke ausweicht und felsig wird (Tritt-

sicherheit erforderlich). Oberhalb der Felsen zieht der Steig wieder nach rechts auf den begrünten Rücken zurück. Knapp vor dem Gipfelkreuz noch ein schmaler felsiger Grat.
Die Gipfelsicht von der Steirischen Kalkspitze zeigt alles, was von der Lungauer gesagt wurde, dazu kommt der Anblick der Dachsteinwände, des Tennengebirges, des Hochkönigs und ostwärts bis ins Tote Gebirge.

Abstiegsvariante

Für gute Geher: Von der Ahkarscharte westlich zum Oberhüttensee hinab (siehe Seite 122, dort in umgekehrter Richtung beschrieben) und zur Oberhütte. Der bezeichnete Weg zur Ursprungalm zieht von der Hütte über die Böden gegen das Brotrinnl. Der Steig wird steiler, je höher man kommt. Er schmiegt sich im oberen Teil an die Felsen und windet sich durch eine steile Rinne (Trittsicherheit) zum Übergang zwischen Brotrinnl und Kranzlhöhe. Jenseits problemlos durch das breite Kar rund 450 Höhenmeter hinab zur Ursprungalm. Ab Ahkarscharte zur Ursprungalm 2 ¼ Std.

Rechts oberhalb der Giglachseen zieht der Steig zur Znachscharte und zu den Kalkspitzen

TOUR AUF EINEN BLICK

Einkehr/Hütten
Ursprungalm, Tel. 0664/903 80 38 (Herr Pilz). – Giglachseehütte, bewirtschaftet von Juni bis Anfang Oktober, Tel. 0664/908 81 88 (Fam. Sieder). – Ignaz-Mattis-Hütte, bewirtschaftet von Mitte Juni bis Anfang Oktober. Betten und Lager. Tel. 0664/423 38 23, im Tal 03687/61 262 (Fam. Keinprecht).

Information
Tourismusbüro Pichl
Tel. 06454/73 808.

Skizze
Siehe Seite 32.

5 Hochwurzen 1850 m Guschen 1983 m Hochfeldmandl 2100 m Ignaz-Mattis-Hütte 1986 m

Über die Höhen ins Zentrum der Tauern

TOUR AUF EINEN BLICK

Anfahrt
Von Schladming über Rohrmoos zur Hochwurzenhütte (mit der Gondelbahn von Rohrmoos, Tel. 03687/220 42-130 oder Taxi von Schladming).

Karten
freytag & berndt, Wanderkarte 1:50.000, WK 201 (Schladminger Tauern) – Österreichische Karte 1:50.000, Blatt 127 (Schladming).

Eine prachtvolle Höhenwanderung über mehrere Gipfel und hoch gelegene Scharten. Im Bereich bis ca. 1700 m geht man im dichten Wald, darüber genießt man die uneingeschränkte Fernsicht auf Gipfel und Höhen der Schladminger Tauern. Mit Rossfeld und Guschen werden zwei Wiesengipfel erstiegen, danach wird es felsiger.

WEGBESCHREIBUNG

Von der Hochwurzenhütte über die südwärts gelegene Kuppe, dann hinab in den Hüttecksattel (Weg 60), begleitet von den Info-Tafeln eines Waldlehrpfades. Schattiger Wald und ein sehr „gepflegter" Weg bestimmen die ersten Kehren aufwärts zum Rossfeld, das schließlich über Wiesenböden erreicht wird. Das hier aufgestellte Holz-Denkmal erinnert an Glaubenskriege, Erzabbau und Bauernarbeit.

Beim Brettersee ist das Ziel, die Ignaz-Mattis-Hütte, schon ganz nahe

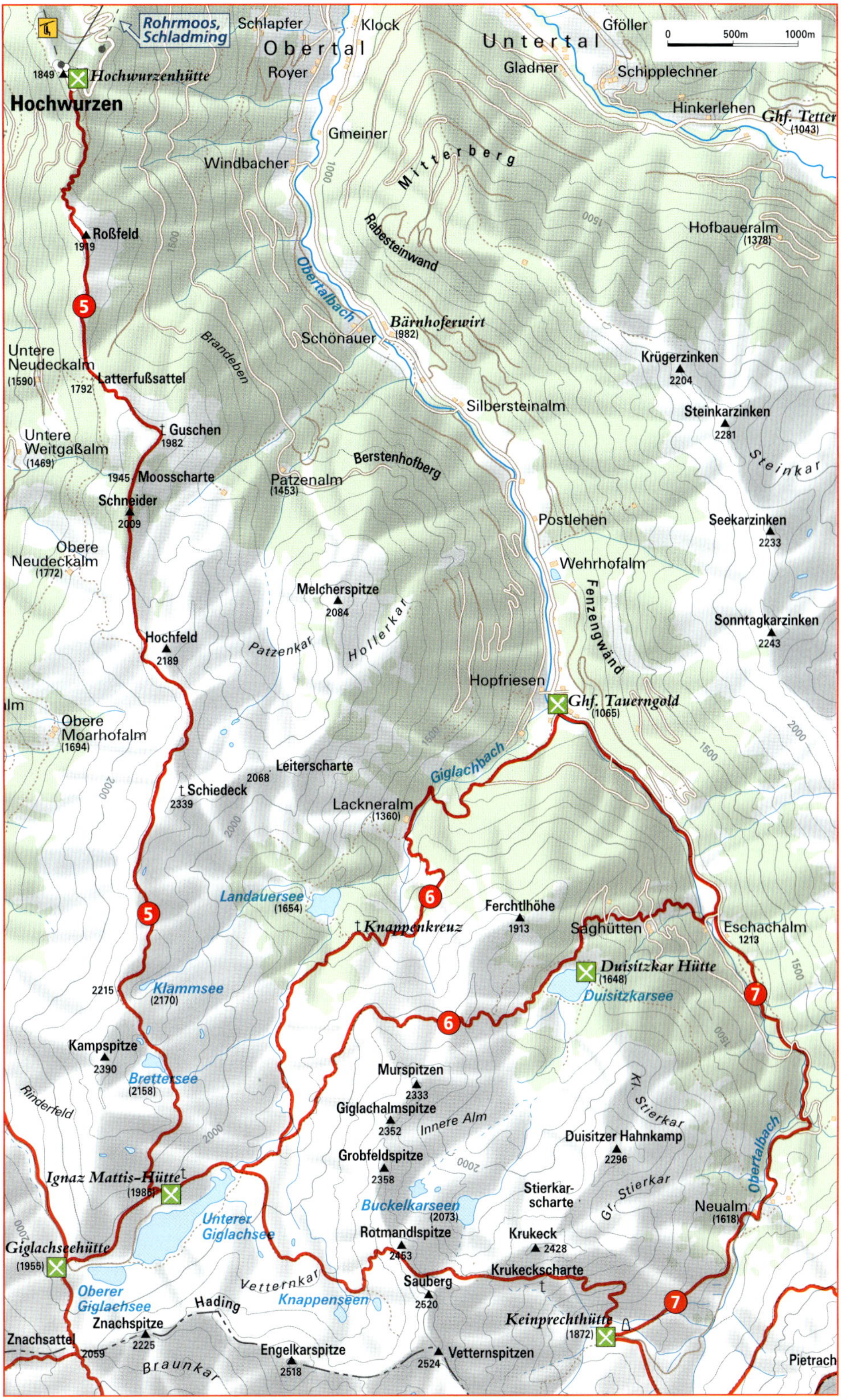

Rohrmoos, Schladming
Schlapfer
Klock
Gföller
0 500m 1000m
Obertal
Untertal
1849
Hochwurzenhütte
Hochwurzen
Royer
Gladner
Schipplechner
Hinkerlehen
Ghf. Tetter
(1043)
Gmeiner
Windbacher
Mitterberg
Roßfeld
1919
Rabesteinwand
Hofbaueralm
(1378)
Obertalbach
5
Bärnhoferwirt
(982)
Schönauer
Brandeben
Untere Neudeckalm
(1590)
1792
Latterfußsattel
Krügerzinken
2204
Silbersteinalm
Steinkarzinken
2281
Guschen
1982
Untere Weitgaßalm
(1469)
Berstenhofberg
Steinkar
1945
Moosscharte
Patzenalm
(1453)
Schneider
2009
Postlehen
Seekarzinken
2233
Obere Neudeckalm
(1772)
Wehrhofalm
Fenzengwänd
Melcherspitze
2084
Hollerkar
Sonntagkarzinken
2243
Hochfeld
2189
Patzenkar
Hopfriesen
Ghf. Tauerngold
(1065)
Obere Moarhofalm
(1694)
Giglachbach
Leiterscharte
2068
Schiedeck
2339
Lackneralm
(1360)
Landauersee
(1654)
6
Ferchtlhöhe
1913
Knappenkreuz
Saghütten
Eschachalm
1213
Duisitzkar Hütte
(1648)
Duisitzkarsee
7
2215
Klammsee
(2170)
6
Kampspitze
2390
Brettersee
(2158)
Murspitzen
2333
Kl. Stierkar
Rinderfeld
Giglachalmspitze
2352
Innere Alm
Duisitzer Hahnkamp
2296
Grobfeldspitze
2358
Ignaz Mattis-Hütte
(1986)
Stierkar-scharte
Gr. Stierkar
Buckelkarseen
(2073)
Neualm
(1618)
Unterer Giglachsee
Rotmandlspitze
2453
Krukeck
2428
Giglachseehütte
(1955)
Krukeckscharte
Sauberg
2520
Vetternkar
Oberer Giglachsee
Hading
Knappenseen
Keinprechthütte
(1872)
Znachspitze
2225
Znachsattel
2059
Engelkarspitze
2518
Vetternspitzen
2524
Braunkar
Pietrach

Von der Guschen zieht der Weiterweg nach links über den Kamm zum Hochfeld

Bild auf der rechten Seite: Hochwurzenhütte, Ausgangspunkt für die Höhenwanderung ins Herz der Tauern

Der Weiterweg taucht wieder in den Wald ein, es geht hinunter zum Latterfußsattel (auch Leiterfußsattel) mit interessanten Blicken nach rechts zur Ursprungalm mit der Steirischen Kalkspitze und nach vor zur Guschen. Dahin heißt es wieder 200 Höhenmeter ansteigen (jetzt Weg 773), zuerst im lockeren Zirbenwald, schließlich über Almrasen. Deutlich zeigt sich der weitere Weg, der hochalpinen Charakter bekommt: kurz hinab in die Moosscharte, dann über eine felsige Stufe auf den folgenden Kamm und dem Grat folgend zum Hochfeldmandl. Die halbe Strecke ist geschafft, Rastplatz mit weiter Fernsicht.
Das Hochfeld kann von Gipfelsammlern frei erstiegen werden, ansonsten folgt man dem Pfad gegen das Schiedeck. In dessen Ostseite überwindet der zum Steig gewordene Weg einige steile Passagen (Geröll und Steinblöcke), um gleich wieder auf die Westseite zu wechseln und lang gezogen die ganze Flanke zur nächsten Scharte auf ca. 2200 m zu überwinden. Von der folgenden Südseite des Berges schöner Tiefblick zum Landauersee mit dem Hochgolling dahinter.
Über Rasen kurz abwärts und in Richtung

Kampspitze zum höchsten Punkt dieser Tour (Übergang auf ca. 2215 m).
240 Höhenmeter fällt der Weg nun zur Mattis-Hütte. Felstürme und steile Flanken fesseln die Aufmerksamkeit beim Abstieg zum idyllischen Brettersee. Ein Stück weiter steht man wie auf einer „Aussichtsterrasse“ über den Giglachseen mit Blick auf die Schutzhütte, das Vetternkar mit Rotmandlspitze, Engelkarspitze, Znachspitze und die beiden Kalkspitzen als felsiger Kontrast zu den grünen Wiesen rund um die Seen.
In mehreren Serpentinen wird die Ignaz-Mattis-Hütte absteigend erreicht. Ein Traumplatz in den Tauern.

Abstiegsmöglichkeiten

Auf Weg 702 nach Westen zum Preuneggsattel und hinunter auf die Ursprungalm (1 Std.).
Oder nach Weg 776 über die Lackneralm ins Obertal zur Jausenstation Tauerngold/Hopfriesen (1 ½ Std.). Von beiden Almen mit dem Bus zurück nach Schladming. Busauskunft: Planai-Hochwurzen-Bahnen, Schladming, Tel. 03687/220 42-0.

TOUR AUF EINEN BLICK

Wegverlauf/Wegzeiten
Von der Hochwurzenhütte über das Rossfeld zur Guschen (2 Std.).
Von der Guschen über das Hochfeldmandl und den Brettersee zur Mattis-Hütte (3 Std.). Insgesamt 5 Std.

Charakteristik
Große Höhenwanderung. Nur bei sicherem Wetter, da kein Unterstand auf dem Weg. Ab Guschen ordentliche Tour.

Einkehr/Hütten
Hochwurzenhütte, bewirtschaftet von Mitte Juni bis Mitte Oktober, 8 Betten, 7 Lager. Tel. 03687/611 77. – Ignaz-Mattis-Hütte, bewirtschaftet von Mitte Juni bis Anfang Oktober, Betten und Lager. Tel. 0664/423 38 23 oder im Tal: 03687/61 262 (Fam. Keinprecht).

Information
Tourismusverband Dachstein-Tauern, Tel. 03687/233 10.

6 Obertal/Hopfriesen 1062 m Giglachsee 1921 m Duisitzkarsee 1648 m

Auf altem Knappensteig zur Giglachalm und über den bezaubernden Duisitzkarsee zurück

TOUR AUF EINEN BLICK

Anfahrt
Von Schladming ins Obertal zur Jausenstation Tauerngold/Hopfriesen. Auch mit Bus von Schladming, Auskunft: 03687/220 42-130.

Karten
freytag & berndt, Wanderkarte 1:50.000, WK 201 (Schladminger Tauern) – Österreichische Karte 1:50.000, Blatt 127 (Schladming).

Wegverlauf/Wegzeiten
Von Hopfriesen über das Knappenkreuz zur Giglachalm mit Giglachsee (2 ½ Std.).
Über die Murspitze zum Duisitzkarsee und über die Eschachalm nach Hopfriesen (3 Std.). Gesamtzeit 5 ½ Std.

Charakteristik
Waldanstieg zur Giglachalm, dann aussichtsreiche Höhenwanderung um die Murspitzen herum mit steilem Abstieg zum Duisitzkarsee.

Einkehr/Hütten
Ignaz-Mattis-Hütte, siehe Tour 5. – Duisitzkarhütte am gleichnamigen See, Jausenstation von Juni bis Oktober. Tel. 0664/973 36 84. – Fahrlechhütte am Duisitzkarsee, Jausenstation, Tel. 0664/983 32 53.

Information
Tourismusverband Dachstein-Tauern, Tel. 03687/233 10.

Skizze
Siehe Seite 39.

In den Bergen des Obertales, um den Giglachsee, dem Vetternkar und dem Knappenkar wurde schon in vorrömischer Zeit Bergbau betrieben. Im Mittelalter hatte hier der Silberbergbau Hochbetrieb, dem der Abbau von Kobalt folgte. Bis 1500 Knappen gingen mit der Spitzhaue den feinen Erzadern im Berg nach. Im 19. Jahrhundert gab es noch einen rentablen Nickelabbau (ehem. Nickelschmelzofen in Hopfriesen zu besichtigen, Hinweis), bis der Bergbau um die Wende zum 20. Jahrhundert erlosch. Fundamente von Knappenhäusern, verfallende Stollengebäude, Reste von Schmelzhütten und Abraumhalden zeugen noch heute von dieser Zeit. Auf dem alten Knappensteig steigen wir hinauf auf die Giglachalm.

WEGBESCHREIBUNG

Man beginnt in Hopfriesen beim Parkplatz und wandert auf Weg 776 los. Der Knappenweg hinauf zu den ehemaligen Stollen im Vetternkar und beim Giglachsee taucht ein in die Waldzone. Stetig aufwärts heißt es jetzt. Dafür bleibt der Anstieg bis zur Lackneralm kühl und schattig.
Dann zieht der Steig linkshaltend lang gezogen höher, bis er unterhalb des Knappenkreuzes wieder recht steil wird (Kreuz rechts oberhalb!). Noch ein kräftiger Aufschwung und man kann rechter Hand auf den stillen Landauersee hinunterblicken, während der Steig bald abflacht und lang gezogen den freien Almböden der Giglachalm zustrebt. Dort finden sich auch die ersten Fundamente alter Knappenhäuser.
Noch ein Stück weiter und man steht vor dem Unteren Giglachsee unter den Gipfeln des Vettern-

kares, mit Blick auf die Kalkspitzen und zur Ignaz-Mattis-Hütte.
Zum Duisitzkarsee muss man zurück und ca. 100 Höhenmeter ab Hütte entlang des Giglachbaches (Seeabfluss) wieder auf dem Anstiegsweg abwärts, dann teilen sich die Wege. Mit Wegnummer 775 bringt uns der steinige Pfad nach rechts unter der Murspitze bis an die 2000-m-Marke hinauf (eindrucksvolle Sicht auf Kampspitze und Schiedeck!). Dann um den Gipfel herum und im leichten Auf und Ab zu einer Scharte, die den Blick freigibt auf den tief unten liegenden Duisitzkarsee.
Aus der Scharte scharf nach rechts abwärts (kurze Versicherungen) und in Kehren steil hinab zum glasklaren, grün schimmernden See. Ein wunderbarer, Ruhe ausstrahlender Ort, eingefasst von den Steilflanken des Duisitzer Hahnkamps und des Krukecks.
Vom See dann gemütlicher auf der Zufahrt oder abkürzend steil durch den Wald hinunter zur Eschachalm und von dieser auswärts nach Hopfriesen. Eine überaus eindrucksvolle Runde!

Herbstlicher Giglachsee mit Lungauer Kalkspitze im Hintergrund

Ein später Oktobertag schenkt ein tolles Erlebnis der Bergwelt um den Duisitzkarsee

7 Ignaz-Mattis-Hütte 1986 m Rotmandlspitze 2453 m Keinprechthütte 1872 m Eschachalm 1213 m

Alpine Überschreitung im Bereich des historischen Bergbaues

TOUR AUF EINEN BLICK

Anfahrt
Auf die Ursprungalm mit Bus ab Schladming, dann Anstieg zur Mattis-Hütte, siehe Tour 4.

Karten
freytag & berndt, Wanderkarte 1:50.000, WK 201 (Schladminger Tauern) – Österreichische Karte 1:50.000, Blatt 127 (Schladming).

Wegverlauf/Wegzeiten
Von der Ursprungalm zur Mattis-Hütte (1 ¼ Std.), weiter ins Vetternkar und zur Rotmandlspitze (2 Std.). Abstieg zur Keinprechthütte (1 ½ Std), weiter zur Eschachalm (2 Std.). Insgesamt an die 7 Std. Rückfahrt mit Bus ab Hopfriesen (siehe Seite 42) nach Schladming.

Charakteristik
Grandiose Aussichtstour mit interessantem Aufstieg über das Vetternkar (historischer Bergbau).

Einkehr/Hütten
Ignaz-Mattis-Hütte, siehe Tour 5. – Keinprechthütte, bewirtschaftet Mitte Juni bis Anfang Oktober, Betten und Lager. Tel. 0664/903 66 30. Für Übernachtung anmelden.

Information
Tourismusverband Dachstein-Tauern, Tel. 03687/233 10.

Skizze
Siehe Seite 39.

Der Weg ins Vetternkar ist ein uralter Weg, den seinerzeit die Bergknappen gegangen sind. Verfallene Stolleneingänge, Abraumhalden, alte Reste von Fundamenten usw. sind Zeugen dieser vergangenen Zeit.
Den Übergang über die Vetternscharte ins Knappenkar (in der f&b-Karte als Stollenlehrgang bezeichnet) und über die Zinkwand zur Keinprechthütte sollten nur wirklich versierte Bergsteiger gehen. Manchmal gibt es da Führungen, Auskunft evtl. bei den beiden Schutzhütten.
Der Weg über die Rotmandlspitze kann jedem trittsicheren Berggeher empfohlen werden.

Er zeigt alles, was die Tauernlandschaft ausmacht: weite Kare, hochragende Spitzen, verblockte Grate, steile Rücken, herunterschießende Wasser und Seen auf den Geländestufen.

WEGBESCHREIBUNG

Von der Mattis-Hütte zum Seeabfluss des Unteren Giglachsees und gleich nach rechts (Weg 702) ins Vetternkar. Über Almboden und plattige Steine steigt man rund 200 Höhenmeter ins hintere Kar an. Knapp vor den beiden kleinen Seen wendet sich der Steig scharf nach links unter die Rotmandlspitze und zieht durch die abbrechende Flanke steil nach oben. Zwischendurch ist Trittsicherheit gefragt.

Mit der Rotmandlspitze ist ein Aussichtspunkt erreicht, wie er schöner nicht sein könnte. Es dominiert der Gipfelkranz um das Vetternkar (darin die zwei Knappenseen): Sauberg, Vetternspitzen, Engelkarspitze und Hading. Hinter den Giglachseen schwingt sich die Kalkspitze auf, im Norden dominieren die Dachsteinwände über der Grobfeldspitze und im Osten überragen die Spitzen von Höchstein, Hochwildstelle und Hochgolling die übrigen Gipfellinien.

Der Abstieg hält direkt auf das Krukeck zu. Man steigt über viele Blöcke in die Krukeckscharte ab und von dieser (tief unten die Keinprechthütte!) auf engem Steig teils über felsige Stufen unter den Abbrüchen des Krukecks, später weit ausholend in Kehren hinunter zur Hütte.

Zur Eschachalm wählt man den Weg 774 zur Neualm (hier nach links ein schöner Weg zum Duisitzkarsee über das Kleine Stierkar, 1 Std.). Ab der Neualm auf der Forststraße abwärts, bis ein Hinweis nach rechts auf den Waldweg zeigt, dann durch dichten Wald zur Eschachalm und auswärts zum Bus in Hopfriesen.

Herrlicher Blick von der Rotmandlspitze zur Krukeckscharte (ca. Bildmitte) und dem Hochgolling im Hintergrund

8 Eschachalm 1213 m Trockenbrotscharte 2237 m Hochgolling 2863 m Untertal/Gh. Riesachfall 1080 m

Große Tour auf den höchsten Berg der Schladminger Tauern

TOUR AUF EINEN BLICK

Anreise
Von Schladming ins Obertal zur Eschachalm, Parkplatz. Mit Bus nur bis Hopfriesen möglich. Bus ab Schladming, Auskunft Tel. 03687/220 42-130.

Karten
freytag & berndt, Wanderkarte 1:50.000, WK 201 (Schladminger Tauern) – Österreichische Karte 1:50.000, Blatt 127 (Schladming).

Die vorgeschlagene Runde über den höchsten Berg der Niederen Tauern, den Hochgolling, ist eine großartige Bergtour, die man nur bei wirklich gutem Wetter machen sollte. Außerdem werden nur die Konditionsriesen die ganze Runde in einem Tag schaffen. Da bietet sich die Landawirseehütte als idealer Stützpunkt zur Übernachtung an.

WEGBESCHREIBUNG

Von den grünen Wiesen der Eschachalm (bei privater Zufahrt) oder von Hopfriesen (Bus) folgt man der Wegnummer 774 nach Süden aufwärts. Zum Eingehen auf der Forststraße, die man aber bald nach links auf einen schattigen Waldweg verlässt. Höher oben trifft der Weg wieder auf die Straße und benützt sie bis zur Neualm. Dort über den Obertalbach nach rechts und auf dem Fußweg zur Keinprechthütte. Knapp vorher die Abzweigung des Weges zur Lignitzhöhe und zur Trockenbrotscharte. Ob zur Hütte oder nicht, von der genannten Abzweigung geht es ein Stück auf das Quellgebiet

Vom „Höhenweg" reicht der Blick zur Westseite des Hochgollings, durch die der Anstieg zum Gipfel führt

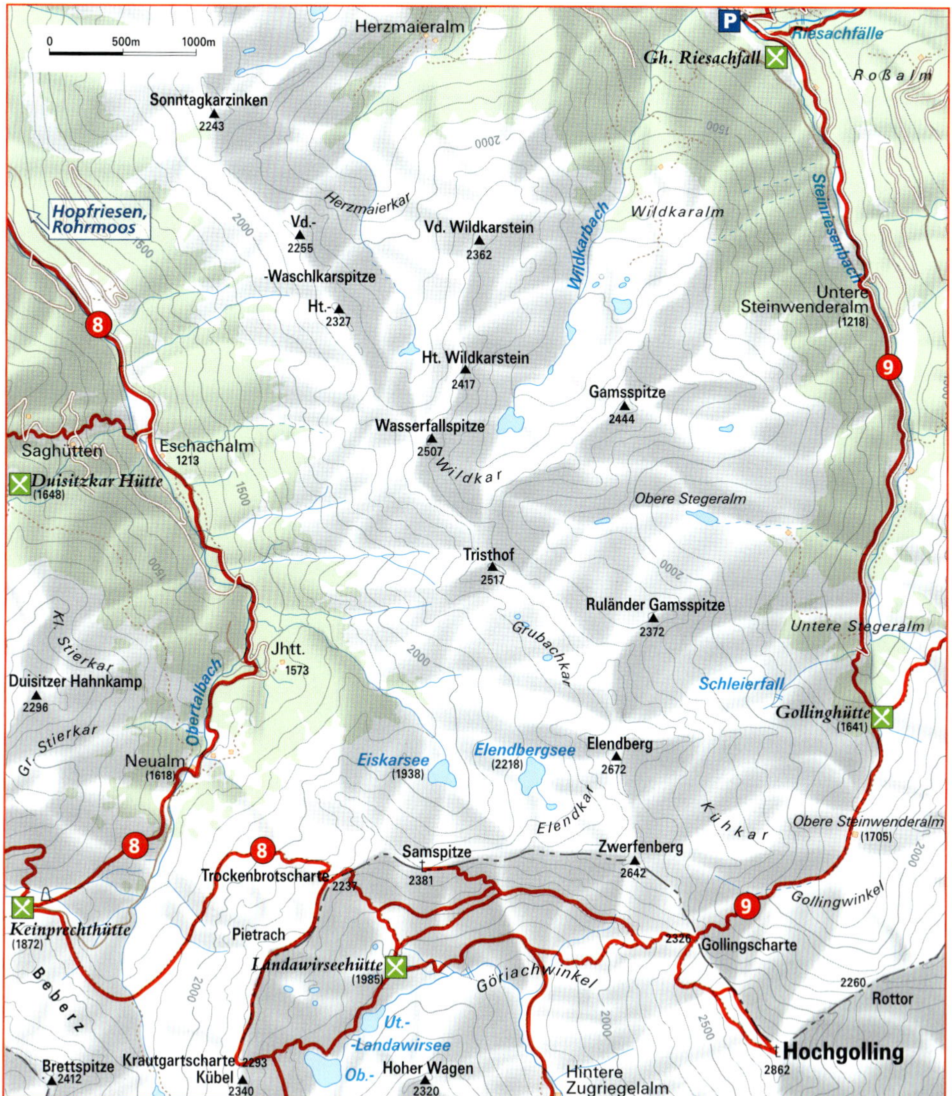

des Obertalbaches zu, dann zieht unser Steig (Weg 702) durch die langen Westflanken des Pietrach nach links höher. Toller Rückblick zum weiten Kessel mit der Keinprechthütte und auf die Steilflanke, die man beim Abstieg von der Krukeckscharte bewältigen muss.

Auf ca. 1900 m Höhe dreht der Pfad nach rechts, gleichzeitig wird er immer steiniger. Die letzten 150 Höhenmeter wird er zum Steig, der in kurzen und mit Geröll und Steinen erfüllten Kehren durch den sehr steilen Abhang zur Trockenbrotscharte ansteigt. Von da hervorragende Sicht zur mächtigen Westwand des Hochgollings und abwärts zur Landawirseehütte mit den gleichnamigen Seen.

Wer die Hütte anstrebt, steigt in ½ Std. dorthin ab. Wer aber zum Hochgolling weitergeht, der wählt nach kurzem Abstieg den teilweise ausgesetzten „Höhenweg“ über dem Göriachwinkel nach links, der

Nach einem wilden „Verhauer“ in unwegsamem Gelände kurze Rast bei der Neualm auf dem Weg zwischen Eschachalm und Keinprechthütte

TOUR AUF EINEN BLICK

Wegverlauf/Wegzeiten
Von der Eschachalm zur Trockenbrotscharte (über Keinprechthütte, 4 Std.), weiter zur Landawirseehütte (½ Std.) oder gleich am Höhenweg zur Gollingscharte und zum Gipfel (3 Std.). Abstieg über Gollinghütte (2 ½ Std.) zum Gh. Riesachfall/Untertal (1 ½ Std.). Insgesamt 11 Std.

Charakteristik
Überaus beeindruckende Bergtour auf den höchsten Gipfel der Niederen Tauern. Schwindelfreiheit und Trittsicherheit mehrfach gefordert. Am besten in zwei Tagen.

Einkehr/Hütten
Keinprechthütte (siehe Tour 7). – Landawirseehütte, bewirtschaftet von Anfang Juni bis Anfang Oktober, Betten und Lager, Tel. 06483/245. – Gollinghütte, bewirtschaftet von Anfang Juni bis Anfang Oktober, Lager und Betten, Tel. 0676/533 62 88.

Information
Tourismusverband Dachstein-Tauern, Tel. 03687/233 10.

gleich zur Gollingscharte zieht. Trittsicherheit unbedingt erforderlich! Bei gefrorenen Restschneefeldern den Höhenweg eher meiden trotz der Sicherungshaken, die man im letzten Wegstück vor der Schlucht zur Gollingscharte vorfindet. Durch diese Schlucht auf die Gollingscharte.
Von der Gollingscharte wenige Meter aufwärts (Weg 778), dann über Platten auf die Westseite des Berges und dort in vielen Kehren über einen Rücken hinauf. Höher oben setzt ein mäßig steiler Quergang nach rechts an, von dem man weit hinaus ins Göriachtal und in den Lungau blicken kann. Schließlich wendet sich der Steig („Historischer

Weg“) wieder steil nach oben und erreicht über Schutt und Felsstufen die Abzweigung zum Nordwestgrat. Da nach rechts und steil weiter (einige Klammern als Hilfe über eine Felsplatte), bis man den Grat erreicht und über einen kurzen Felskamm zum Gipfelkreuz kommt.
Ein außergewöhnlicher Berg ist geschafft. Über das großartige Gipfelerlebnis verweise ich auf eine Schilderung meines Freundes Engelbert Katschner, die ich bei der folgenden Tour zitiere.
Der Abstieg folgt dem Aufstiegsweg zur Gollingscharte, dann aber nach Osten in vielen Serpentinen „steinreich“ auf die Obere Steinwenderalm im Gollingwinkel. Beim Abstieg von der Scharte sehenswerte Ausblicke zu den Bergen des Klafferkessels. Auf den grünen Matten des Gollingwinkels sollte man auf die beeindruckende Nordwand des Hochgollings zurückblicken (1200 m hoch!). Dann wandert man über die Böden der Alm und den anschließenden Weg zur Gollinghütte. Von dieser zuerst auf Steig, dann auf der Forststraße zur Unteren Gföllleralm mit dem Gh. Riesachfall und zum Bus.

9 Untertal 1080 m Gollinghütte 1651 m Hochgolling 2863 m

Der direkte Weg zum Hochgolling

TOUR AUF EINEN BLICK

Anfahrt
Mit Pkw zum Parkplatz im Untertal (Gh. Riesachfall) oder mit Bus ab Schladming, Auskunft Tel. 03687/220 42-130.

Karten
freytag & berndt, Wanderkarte 1:50.000, WK 201 (Schladminger Tauern) – Österreichische Karte 1:50.000, Blatt 127 (Schladming).

Wegverlauf/Wegzeiten
Vom Parkplatz im Untertal entlang des Steinriesenbaches nach Süden aufwärts zur Gollinghütte (2 Std.). Von dieser in den Gollingwinkel und in Kehren steil zur Gollingscharte (2 Std.). Auf dem „Historischen Weg" zum Gipfel (1 ½ Std., Beschreibung siehe vorherige Tour). Abstieg ins Untertal (3 ½ bis 4 Std.), insgesamt 9 Std.

Charakteristik
Hochalpine Tour, die Ausdauer und Trittsicherheit verlangt.

Einkehr/Hütten
Gollinghütte, bewirtschaftet von Anfang Juni bis Anfang Oktober, Lager und Betten, Tel. 0676/533 62 88.

Information
Tourismusverband Dachstein-Tauern, Tel. 03687/233 10.

Skizze
Siehe Seite 47.

Dieser Aufstieg zum Hochgolling ist jener Weg, den der steirische Prinz Erzherzog Johann am 28. August 1817 gegangen ist. Darum sollen in die Routenbeschreibung auch einige Passagen aus seinen Tagebuchaufzeichnungen einfließen. Der Weg vom Untertal zum Gipfel und zurück ist eine anstrengende Tour wegen des langen Weges mit dem großen Höhenunterschied (fast 1800 Höhenmeter). Da ist der Aufstieg zum Gipfel mit Übernachtung auf der Landawirseehütte (siehe Seiten 47 bis 49) wesentlich leichter.

WEGBESCHREIBUNG

Vom Parkplatz Untertal/Gh. Riesachfall wählt man die Forststraße (Weg 778) ins Steinriesenbachtal,

bis diese eine Kehre nach links macht. Dann auf dem Gehweg weiter, der im Schlussteil steinig und steiler wird, während linker Hand vom Geländeabsatz mit der Gollinghütte der Bach als gischtender Wasserfall herunterschießt.
Von der Hütte hält der Weiterweg direkt auf den Hochgolling zu, man betritt auf weichen Rasenböden das Rund (wie ein Amphitheater) unter der gewaltigen Golling-Nordwand und folgt nach rechts dem Steig über Stufen und viel Geröll im Zick-Zack hinauf zur Gollingscharte.
Jetzt nach links zum Gipfel, wie auf Seite 48/49 beschrieben.
Erzherzog Johann schrieb über seinen Aufstieg im oberen Teil: „Die Felsen bilden hier hohe Tritte, gleich einer kolossalen Treppe; immer steiler und steiler hinan zieht sich der Weg an der Wand mäandrisch hin und her, im Süden der tief gähnende Abgrund, fast senkrecht abstürzend. So erreichten wir schließlich den Grat am westlichen Ende. Die Beschwerde stieg von hier an bedeutend; nur gänzlich Schwindelfreie mögen diesen Hochpfad betreten. Zu beiden Seiten öffnen sich furchtbare Abgründe, links in das Steinwendtal, rechts in das Lungau; doch mit dieser Schneide ist auch das letzte Hindernis besiegt und mit einem jubelnden: Glück auf! standen wir auf dem Gipfel des Hochgollings.“
Für das Gipfelpanorama zitiere ich einen kleinen Text meines Freundes Engelbert Katschner (aus seinem Buch: Die schönsten Bergtouren im Lungau und Nockgebiet): „Umfassend und außerordentlich eindrucksvoll ist die Gipfelparade vom höchsten Punkt der Niederen Tauern. Vom Nordwesten grüßen, vom Ennstal aufragend, der vertraute Dachstein mit seinen Gipfeln und die Bischofsmütze herüber, in östlicher Richtung erkennen wir viele bekannte Gipfel, Höchstein, Hochwildstelle, Greifenberg, Waldhorn, Deichselspitze usw., im Süden die schöne Spitze des Kaserecks, im Westen viele Lungauer Gipfel und schließlich am Horizont die Eisriesen der Hohen Tauern.“ Besser kann man es nicht sagen.
Der Abstieg folgt dem Anstiegsweg.

Über 1200 m ragt die Hochgolling-Nordwand von der Oberen Steinwenderalm zum Himmel

10 Gollinghütte 1651 m Greifenberg 2618 m Klafferkessel / Oberer Klaffersee 2311 m

Hinauf in den berühmten Klafferkessel mit verschiedenen Abstiegen

TOUR AUF EINEN BLICK

Anreise
Anreise und Anstieg zur Gollinghütte siehe Tour 9.

Karten
Wie bei Tour 9.

Wegverlauf/Wegzeiten
Von der Gollinghütte steil hinauf zum Greifenberg (3 Std.). Dann verschiedene Abstiege über die Geländestufen mit den Lacken und Hochgebirgsseen zur Preintalerhütte (2 ½ Std., weiter ins Untertal 2 Std.); zum Zwerfenbergsee über Lungauer Klaffersee (1 Std.), weiter ins Lessachtal zur Laßhoferhütte (2 Std., siehe auch Seite 141).

Charakteristik
Große Bergtour mit vielen Möglichkeiten, den Klafferkessel mit seinen Gebirgsseen kennen zu lernen.

Einkehr/Hütten
Gollinghütte, bewirtschaftet von Anfang Juni bis Anfang Oktober, Betten und Lager, Tel. 0676/533 62 88. – Preintalerhütte, Mitte Juni bis Anfang Oktober, Betten und Lager, Tel. 0664/144 88 81.

Information
Tourismusverband Dachstein-Tauern, Tel. 03687/233 10.

Der Klafferkessel gehört zu den bevorzugten Berg-Wandergebieten des Landes. Liselotte Buchenauer hat ihn einmal das 8. Weltwunder der Steiermark genannt. Die Tour gehört zu den zauberhaftesten Bergtouren des Landes. Sie führt mit dem Greifenberg auf einen ordentliche Aussichts-

berg, sie ladet ein, sich irgendwo auf den Geländestufen „seinen" See auszusuchen und den Tag zu genießen, bevor man wieder absteigt.
Schönes Wetter ist gefragt, die Höhen sollte man nicht unterschätzen: 1000 Höhenmeter hinauf zum Greifenberg und 1000 Meter hinunter zur Preintalerhütte.
Achtung: Beide Hütten sind oft überlaufen, Nächtigung telefonisch anmelden!

WEGBESCHREIBUNG

Von der Gollinghütte zum Bach und auf gutem Steig losmarschiert (Weg 702). Rund 200 Höhen-

Einer der vielen kleinen Seen im Klafferkessel mit dem Greifenstein, der sich im Wasser spiegelt

meter in nördlicher Richtung aufwärts, dann über einige steilere Kehren höher, worauf der Steig nach Süden dreht und etwas gemütlicher wird. Jetzt herrliche Einblicke in den Gollingwinkel und zur mächtigen Golling-Nordwand.
Die folgenden 400 Höhenmeter zum Greifenbergsattel bleiben gleichmäßig steil, aber auch im Schatten (am frühen Vormittag). Vom Greifenbergsattel könnte man gleich nach rechts zum Lungauer Klaffersee und über den Zwerfenbergsee ins Lessachtal absteigen.

Die Gollinghütte, wichtiger Stützpunkt auf dem Weg zum höchsten Berg der Schladminger Tauern

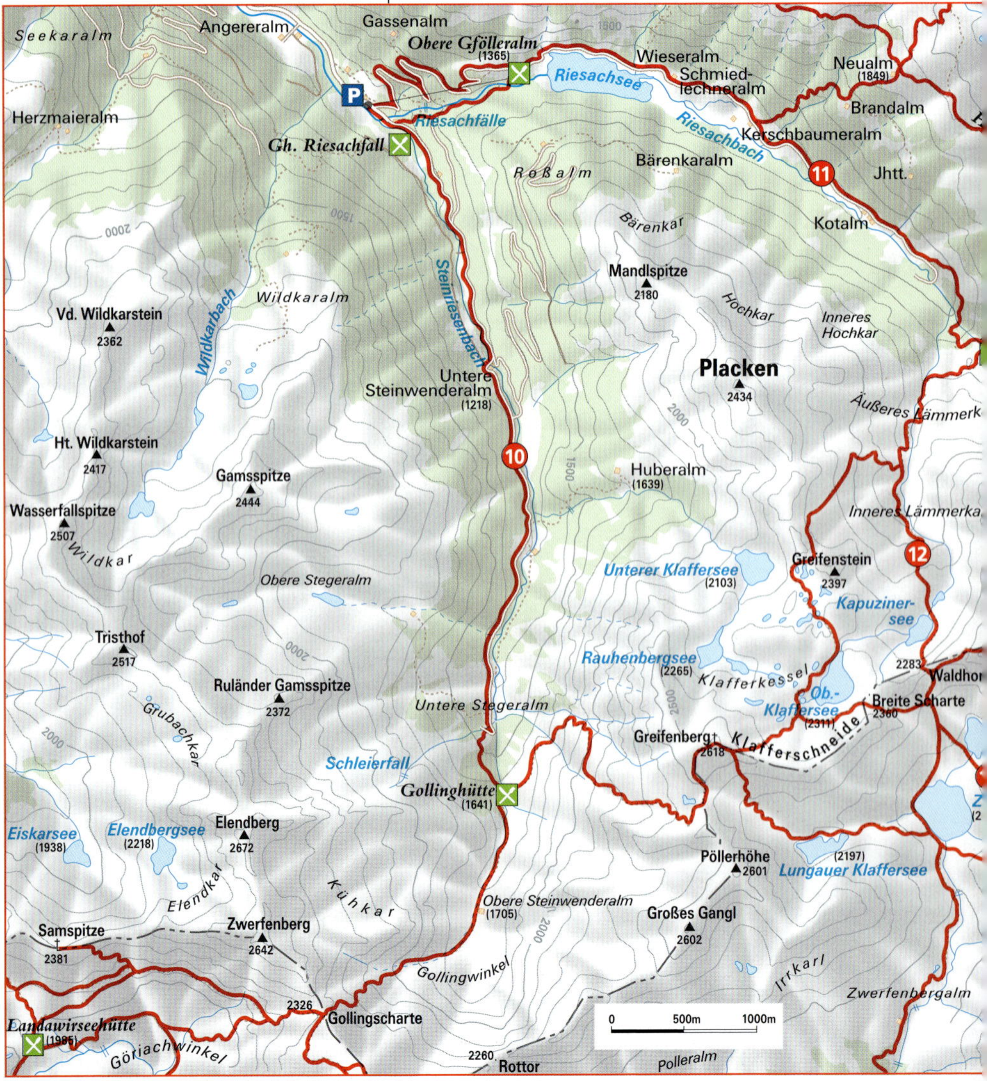

Doch es lockt der Greifenberg als Höhepunkt mit grandioser Aussicht (fast wie der Hochgolling) und dem Draufblick auf die kleinen und großen Seen im Klafferkessel.
Der Abstieg führt zur Oberen Klafferscharte (in deren Bereich eine schmale Stelle, Trittsicherheit nötig) und zum Oberen Klaffersee hinunter (oft bis lang ins Jahr Schneereste!).
Steinmandln, Farbmarken, dann wieder ein guter Pfad geleiten uns sicher über die Steinplatten und blumenreichen Böden an den Lacken und Seen vorbei zur Unteren Klafferscharte, von der man zuerst in Kehren, dann in weitem Bogen ins Äußere Lämmerkar absteigt. Da rauscht und rieselt das Wasser wieder von allen Seiten, die Böden sind wieder grün. Es wird der Riesachbach überschritten, der die Kapuzinerseen entwässert, dann zieht der Steig über Stufen, teils erdig, teils steinig auf die Waldhornalm mit der Preintalerhütte.
Beschreibung des Abstieges zum Parkplatz Riesachfall bei der folgenden Tour (in umgekehrter Wegrichtung).

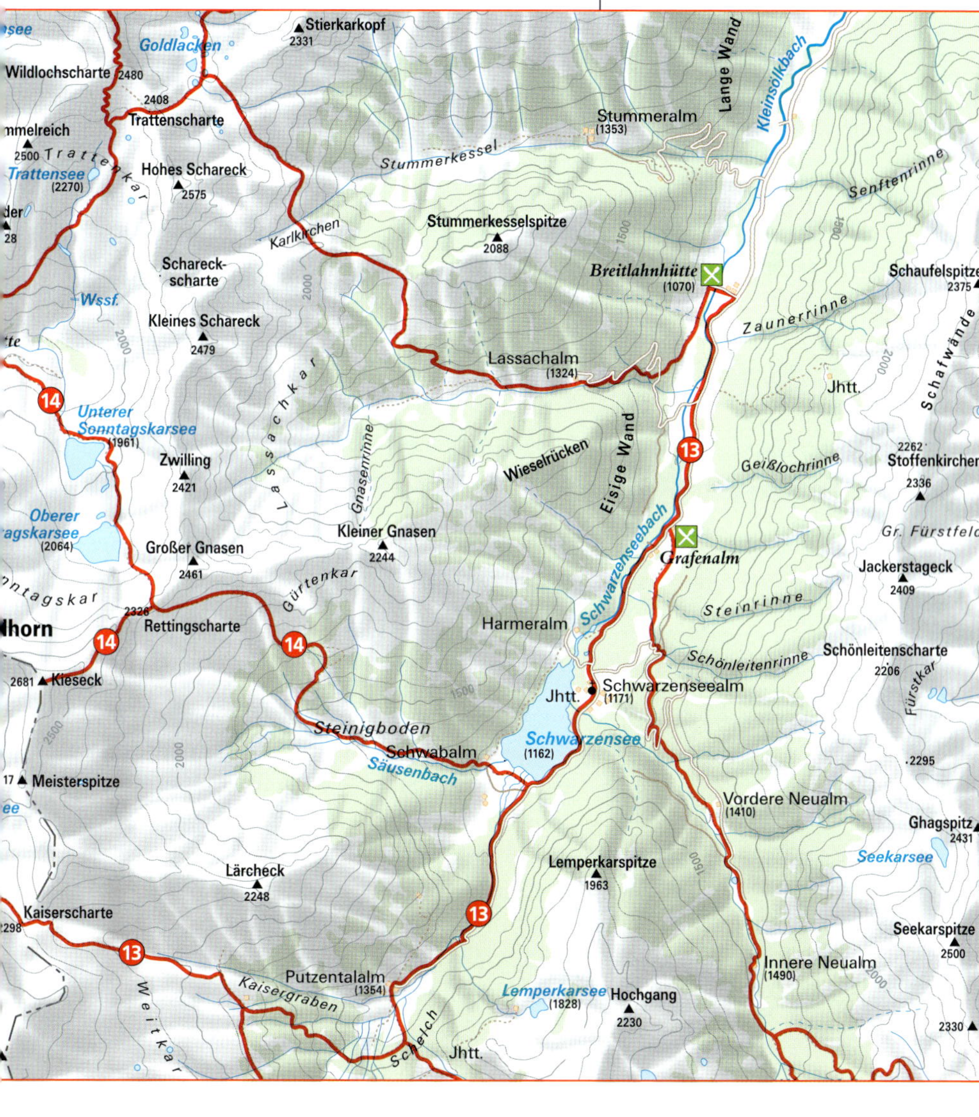

11 Parkplatz Riesachfall 1080 m Gfölleralm/ Riesachsee 1338 m Preintalerhütte 1657 m Klafferkessel 2311 m

Am größten Wasserfall der Steiermark vorbei zum Riesachsee und in den Klafferkessel

TOUR AUF EINEN BLICK

Anfahrt
Mit Pkw ins Untertal (Gasthaus Riesachfall), auch Bus von Schladming, Auskunft Tel. 03687/220 42-130.

Karten
freytag & berndt, Wanderkarte 1:50.000, WK 201 (Schladminger Tauern) – Österreichische Karte 1.50.000, Blatt 127 (Schladming).

Der Riesachfall ist der höchste Wasserfall der Steiermark

Am größten Wasserfall des Landes entlang geht man hinauf zur Oberen Gfölleralm. Musste man bisher oberhalb des großen Falles über die Brücke nach links zur Forststraße gehen und auf dieser zum Riesachsee ansteigen, so soll ab 2006 der neue Steig mit Versicherungen direkt neben dem Bach durch die Klamm nach oben führen. Als Familienausflug wird der Weg auf der Forststraße beim Riesachfall sein Ende finden, die Almhütten auf der Gfölleralm und der Kerschbaumeralm laden zum Verweilen und zur Stärkung ein.

WEGBESCHREIBUNG

Neben dem Gh. Riesachfall zieht der Weg (777) in den Wald und bald in kurzen Kehren aufwärts. Mehrmals kann man dicht an die herunterstürzenden Wasser heran, später von der großen Brücke in die Tiefe schauen. Da nach links im Wald zur Forststraße und zur Gfölleralm.
Die Sportlichen können den neuen versicherten Steig durch die Klamm direkt aufwärts wählen, mit Kindern aber nur bedingt ratsam!
Nach der Almhütte der Gfölleralm füllt der Riesachsee fast die ganze Breite des Hochtales aus, von Wäldern umgeben inmitten hoher Berggipfel. Von der Hochwildstelle leuchtet das Gipfelkreuz herunter und hinter der Geländestufe, auf der die Preintalerhütte „sitzt“, ragt die Nordwand des Waldhorns auf.
Man geht links am See auf der Almstraße an mehreren Almhütten (Jause und Getränke) vorüber bis zur Kotalm, wo linker Hand der Fußweg zur Preintalerhütte ansetzt. In weitem Bogen zieht der

Familienausflugsziel Riesachsee mit mehreren gastlichen Almen

Pfad durch Wald bis unter die Hütte und erreicht mit etlichen Kehren über viele Steinblöcke das Schutzhaus.
Die Preintalerhütte ist Ausgangspunkt für mehrere große Touren, die im Folgenden beschrieben werden.
Den Weg in den Klafferkessel gehen die meisten.
Zum Oberen Klaffersee: Bei der Hütte gleich nach Westen (Weg 702) über teils nasse, teils erdige und steinige Stufen hinauf ins Äußere Lämmerkar.
Dort über den Bach und in Serpentinen nach rechts hoch, dann zieht der Pfad im großen Bogen unter der Steinkarhöhe zur Unteren Klafferscharte (letztes Stück wieder steiler, schottrig). Damit beginnt der Weg an den vielen kleinen und größeren Seen vorbei, über Rasenboden, über Steinblöcke und Platten. Auf den Weg achten und das Wetter im Auge behalten. Rasten, Schauen, Genießen!
Den gesamten Weg über den Greifenberg zur Gollinghütte finden Sie bei Tour 10 in umgekehrter Richtung beschrieben.

TOUR AUF EINEN BLICK

Wegverlauf/Wegzeiten

Vom Parkplatz entlang des Riesachfalles hinauf zum Riesachsee und an dessen linkem Ufer über Almen und schließlich durch Wald zur Preintalerhütte inmitten steiler und mächtiger Gipfel (2 ½ Std.). In den Klafferkessel zum Oberen Klaffersee (2 Std.).

Charakteristik

Am Wasserfall entlang zu einem der schönsten großen Bergseen der Steiermark und in den Klafferkessel.

Einkehr/Hütten

Gasthaus Riesachfall im Tal. – Private Almhütten im Bereich Riesachsee. – Preintalerhütte, bewirtschaftet von Anfang Juni bis Anfang Oktober, Betten und Lager, Tel. 0664/144 88 81.

Information

Tourismusverband Dachstein-Tauern, Tel. 03687/233 10.

Skizze

Siehe Seite 54.

12 Preintalerhütte 1657 m Waldhorn 2702 m

Auf den mächtigen Hausberg der Preintalerhütte

Das Waldhorn ist der dominierende Gipfel in der Runde um die Preintalerhütte (sehr schön einzusehen vom Trattenkar aus). Der Gipfel bildet vom höchsten Punkt (Hauptgipfel mit 2702 m) gegen die Hütte zu einen abflachenden Grat, von dessen Endpunkt die Nordwand gegen die Preintalerhütte abbricht. Die Besteigung des Waldhorns

Ein herrliches Bergziel: der Zwerfenbergsee mit dem mächtigen Waldhorn dahinter

verlangt Schwindelfreiheit und Trittsicherheit. Sie gehört zu den großen Bergtouren der Schladminger Tauern.

WEGBESCHREIBUNG

Von der Preintalerhütte folgt man dem Weg (702) zum Klafferkessel bis hinauf in das Äußere Lämmerkar. Dort nicht rechts weiter, sondern links gegen das Waldhorntörl (Weg 777). Auf dem vorerst noch grünen Karboden geht man einwärts und steigt dann über die folgende Geländestufe mit Geröll und Steinblöcken steiler ins Innere Lämmerkar und zu den beiden Kapuzinerseen an. Ein wunderschöner Platz lässt kurz verweilen: Der runde Kessel wird vom Waldhorn begrenzt, vom Waldhorntörl zieht die Gipfellinie über den Kapuzinerberg und den Reislingkogel zum Greifenstein (auch prächtiger Rückblick zur Hochwildstelle).

Der Weiterweg wird immer steiler, es geht in kurzen Kehren, die von Schotter erfüllt und sandig sind, sehr steil zum Waldhorntörl. Von da herrliche Ausblicke auf den Zwerfenbergsee und gegen das Lessachtal/Lungau.
Zum Waldhorn folgt man dem Westgrat nach links. Der Steig, teilweise ausgesetzt, teilweise noch Grasgrat und verblockt, folgt im Großen und Ganzen der Schneide des Westgrates zum Gipfelaufbau. Dann quert er nach rechts in die Südflanke des Berges und in dieser im Zick-Zack hinauf gegen eine Scharte des Verbindungsgrates vom Waldhorn zum Kieseck. Am Grat schließlich nach links auf den Gipfel. Man überblickt praktisch die ganze Bergwelt der Schladminger Tauern. Besonders eindrucksvoll: der Grat zum Kieseck, die Tiefblicke zu den Sonntagskarseen, hinüber ins Trattenkar, zur Hochwildstelle, zum Höchstein usw.
Den Abstieg zur Preintalerhütte nicht unterschätzen, ca. 2 ½ Std.

TOUR AUF EINEN BLICK

Wegverlauf/Wegzeiten
Preintalerhütte – Waldhorntörl (2 St.) – Waldhorn (1 Std.).
Alle übrigen Angaben wie bei Tour 11.

Skizze
Siehe Seite 54.

13 Preintalerhütte 1657 m Waldhorntörl 2283 m Kaiserscharte 2298 m Putzentalalm 1354 m

Höhenwanderung über ein Stück Lungau ins Kleinsölktal

TOUR AUF EINEN BLICK

Anreise, Information

Wie Tour 11.

Karten

freytag & berndt, Wanderkarte 1:50.000, WK 201 (Schladminger Tauern) – Österreichische Karte 1:50.000, Blätter 127 (Schladming), 128 (Gröbming).

Wegverlauf/Wegzeiten

Von der Preintalerhütte zum Waldhorntörl (2 Std.), hinunter zum Angersee bzw. Zwerfenbergsee und wieder hinauf zur Kaiserscharte (1 Std. bzw. 1 ½ Std.). Durch das lang gezogene Kaisertal zur Putzentalalm und zur Breitlahnhütte (3 Std.). Insgesamt 7 Std.

Charakteristik

Einsame Höhenwanderung über hohe Törln mit immer neuen Ausblicken.

Einkehr/Hütten

Preintalerhütte, bewirtschaftet von Anfang Juni bis Anfang Oktober, Betten und Lager, Tel. 0664/144 88 81. – Putzentalalm, private Hütte, von Juni bis Ende September, Bergsteigerquartier, Tel. 03685/228 20. – Breitlahnhütte, Betten und Lager, Ende Mai bis Anfang Oktober, Tel. 03687/613 21.

Skizze

Siehe Seite 54.

Der Weg über die Kaiserscharte dürfte der einsamste und am wenigsten begangene Weg im zentralen Teil der Schladminger Tauern sein. Uns ist zumindest hier nie jemand begegnet. Ob man vom Waldhorntörl zum Zwerfenbergsee absteigt oder gleich am Angersee vorbei (von oben gut einzusehen!) nach links gegen die Kaiserscharte hinüberquert, bleibt jedem überlassen. Uns faszinierte der Zwerfenbergsee, dafür mussten wir die 150 Höhenmeter wieder hinauf.

WEGBESCHREIBUNG

Von der Preintalerhütte ins Waldhorntörl wie bei Tour 12. Dann mit Blick auf die beiden Seen kurz steiler hinab, um sich dann zu entscheiden: nach

links am Angersee vorbei (Steigspuren gut erkennbar) gegen die Scharte oder auf dem Weg 777 zum Zwerfenbergsee ganz hinunter (Bilderbuchblick zurück).
Hat man sich für den Zwerfenbergsee entschieden, muss man zum Seeabfluss und über diesen drüber (2005 viel Wasser, da mussten die Schuhe über die Schulter genommen werden). Auf einem großen Steinblock entdeckt man einen roten Punkt. Der weitere Aufstieg ist nach Trittspuren etwas zu suchen, bringt Sie aber in „logischer Wegführung" durch die Almflanke hinauf zur Kaiserscharte.
Von der Scharte abwärts müssen zuerst bei einer plattigen Stelle die Hände zupacken. Nach kurzer Geröllpassage zieht der Pfad durch das lange Kaisertal (Trogtal) gerade abwärts, direkt auf den Opferstock zu, hinter dem die markante Gipfelkuppe des Predigtstuhles sichtbar wird. Bei Punkt 1854 kommt man an einsamer Hütte vorbei, nach rechts schöner Blick zur Landschitzscharte.
Dann geht es unaufhaltsam abwärts. Durch Latschen, an Erlenbüschen vorbei und schließlich durch Wald wird der Talboden mit der Putzentalhütte erreicht. Unterwegs mehrere erfrischende Quellen. Von der Putzentalalm auf dem Fahrweg zum wunderschönen Schwarzensee und zur Breitlahnhütte. Eine große Tour.
Busabfahrt ins Ennstal ab Parkplatz/Breitlahnhütte. Busauskunft beim Tourismusverband Sölktäler, Tel. 03685/231 80.

Gisela Ladreiter, sie war auch schon zu Lebzeiten eine legendäre Sennerin auf der Putzentalalm

Breit zieht das Tal von der Kaiserscharte gegen den Opferstock und die Putzentalalm

14 Preintalerhütte 1657 m Sonntagskarseen Rettingscharte 2326 m Kieseck 2681 m

Bergtour für Versierte auf den „Zwilling" des Waldhorns

TOUR AUF EINEN BLICK

Anfahrt
Wie bei Tour 11.

Karten
Wie bei Tour 13.

Wegverlauf/Wegzeiten
Von der Preintalerhütte zu den Sonntagskarseen (1 Std.) und in die Rettingscharte (1 Std.), dann über den Nordostgrat auf den Gipfel (1 Std.). Abstieg 2 Std.

Charakteristik
Hochalpine Wanderung zu den Sonntagskarseen, auf den Gipfel Bergtour für Geübte.

Einkehr/Hütten
Wie bei Tour 11.

Information
Wie bei Tour 11.

Skizze
Siehe Seite 54.

Die Rettingscharte ist allein schon wegen ihrer Höhe nicht jedermanns Sache. Die meisten Bergwanderer werden noch in das wilde Kar zu den Sonntagskarseen hinaufgehen, doch dann ist für die meisten Schluss.
Das letzte Stück zur Scharte ist wirklich steil und wird nur von denen erstiegen, die auf der anderen Seite in das Kleinsölktal zum Schwarzensee absteigen wollen oder von jenen, die auf das Kieseck gehen. Dafür sind Trittsicherheit und Schwindelfreiheit notwendig.

WEGBESCHREIBUNG

Gleich nach der Hütte teilen sich die Wege: nach rechts in den Klafferkessel, nach links über den Bach zur Hochwildstelle und geradeaus zu den Sonntagskarseen.
Im Talboden folgt man dem Weg 784 einwärts leicht nach Osten, doch schon bald über einen Rücken (steinige Wandstufe) hinauf ins Sonntags-

Dunkel zieht der lange Grat von der Rettingscharte zum Kieseck

kar zum Unteren Sonntagskarsee. Man umgeht den See am linken Ufer und steigt neben dem Bach auf die nächst höhere Karstufe mit dem Oberen Sonntagskarsee. Aus diesem Kessel herrlicher Blick zur Hochwildstelle.
Nun zieht der Steig ganz an die Scharte heran und über Blockhalden schluchtartig sehr steil hinauf zur Rettingscharte (überraschender Tiefblick zum Schwarzensee). Das früher vorhandene Sicherungsseil ist unter wuchtigen Steinbrocken verklemmt. Man muss über die spaltenartige Scharte auf die andere (östliche) Seite ein wenig absteigen, denn dort beginnt nach rechts der Aufstieg zum Kieseck.
Es handelt sich um leichte Kletterei, die im Schwierigkeitsbereich I dem Verlauf des Grates folgt. Man soll sich nicht täuschen lassen, wenn in den Wanderkarten eine rote Markierung einen „normalen" Anstieg suggeriert.

Abstieg zum Schwarzensee

Die Rettingscharte vermittelt auch den direkten Übergang zum Schwarzensee. Aus der Scharte steigt man gerade abwärts, dann in einem weiten Links-rechts-Bogen unter dem Großen Gnasen gegen das Gürtenkar hinunter, später scharfe Rechtsdrehung und abwärts zum Steinigboden, von wo man dem Säusenbach entlang in vielen Kehren zum Schwarzensee gelangt. Von dort auswärts zur Breitlahnhütte.

Vom Schwarzensee zur Rettingscharte gilt es 1163 m zu überwinden, zum Kieseck sogar 1518 m

15 Preintalerhütte 1657 m Hochwildstelle 2747 m Neualmscharte 2347 m Riesachsee 1338 m Untertal/Parkplatz 1080 m

Eine großzügige, überaus eindrucksvolle Überschreitung der Hochwildstelle für Geübte.

TOUR AUF EINEN BLICK

Anreise
Wie bei Tour 11.

Karten
Wie bei Tour 11.

Wegeverlauf/Wegzeiten
Von der Preintalerhütte über die Wildlochscharte zur Hochwildstelle (3 Std.). Vom Gipfel über die Kleine Wildstelle zur Neualmscharte und zum Riesachsee. Von dort ins Untertal zum Parkplatz (4 ½ Std.), gesamt 7 ½ Std.

Für mich ist diese große Überschreitung eine der schönsten Touren in den gesamten Schladminger Tauern. Schon im Trattenkar betritt man eine Felslandschaft, die am Südgrat ihre luftige Fortsetzung findet. Der Gipfel schenkt eine Aussicht, die ihresgleichen sucht: Die „Häupter" der Schladminger Tauern bilden ein fast unwirkliches Panorama. Hinter dem Hochgolling leuchten die Schneefelder des Ankogels und der Hochalmspitze, der Großglockner zeigt die steile Spitze und die breite Glocknerwand. Vom Hochkönig über den gesamten Dachsteinstock bis zum Grimming

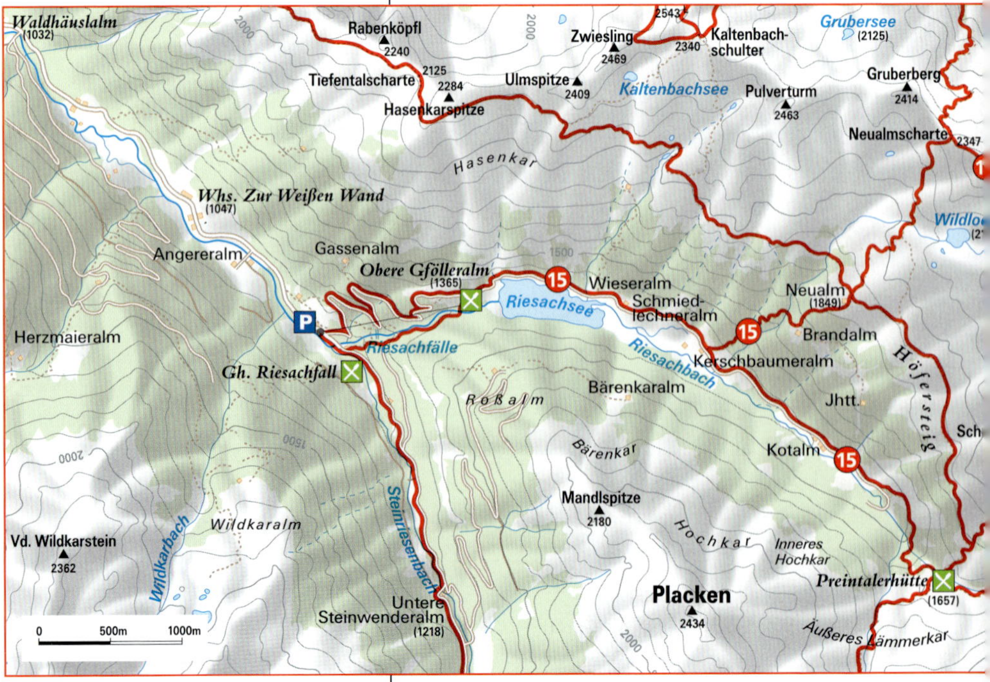

und dahinter in den Zug des Toten Gebirges reicht der Blick. Die Gesäuseberge präsentieren ihre Gipfel und direkt unter sich entdeckt man die drei Seen des Seewigtales.
Um diese große Runde mit Genuss zu erleben, sollte man am Vortag zur Preintalerhütte ansteigen und am nächsten Tag so weggehen, dass man am Südgrat trockenen Fels vorfindet. Gutes Wetter ist Voraussetzung.

WEGBESCHREIBUNG

Von der Hütte geht der Weg zum Bach, überquert diesen nach links und führt gegen den Schneider stetig aufwärts. Bald zieht der Höfersteig nach links weg, der Steig gegen das Trattenkar ermöglicht immer schönere Blicke auf die Sonntagskarseen, ins Lämmerkar, zu Waldhorn und Kieseck. Über zwei folgende Geländestufen wird die Felslandschaft des Trattenkares mit dem kleinen See erstiegen. Dann hält man linker Hand direkt auf den Südgrat der Hochwildstelle zu (nach rechts führt der Steig zu den Goldlacken und von dort ins

Die letzten Meter auf dem Südgrat zur Hochwildstelle

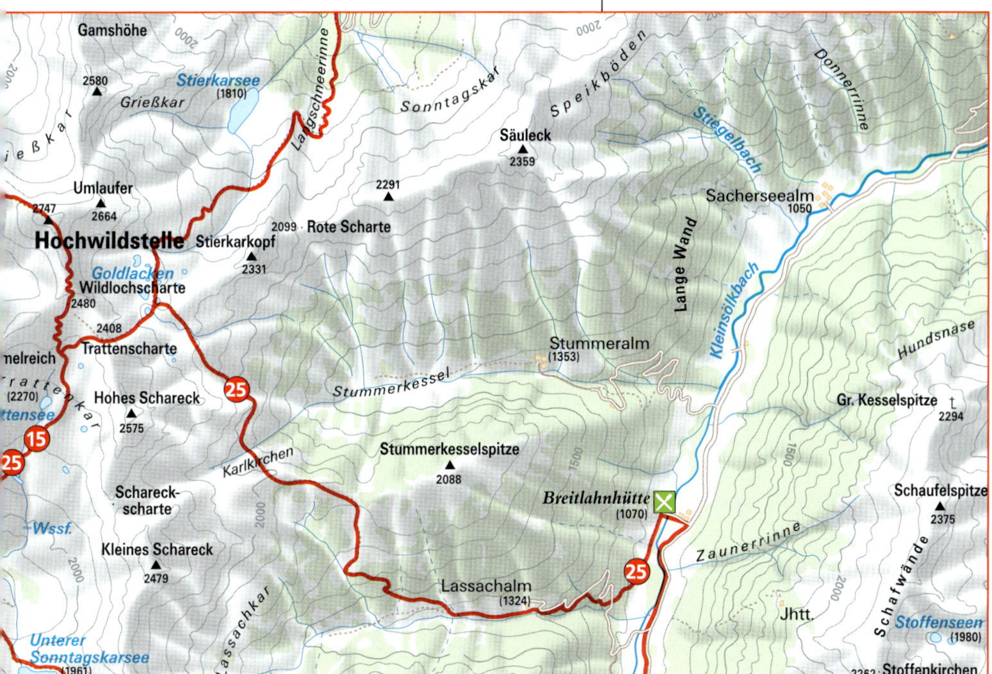

TOUR AUF EINEN BLICK

Charakteristik
Hochgebirgstour für Trittsichere und Schwindelfreie mit fantastischen Ausblicken.

Einkehr/Hütten
Preintalerhütte, bewirtschaftet von Anfang Juni bis Anfang Oktober, Betten und Lager, Tel. 0664/144 88 81. – Almhütten beim Riesachsee und Gh. Riesachfall im Untertal.

Information
Wie bei Tour 11.

Sattental oder zur Breitlahnhütte, siehe dazu die Seite 85). Eine kleine Steilstufe noch und man steht in der Wildlochscharte.

Der nun ansetzende Rücken mit seinem Schutt, den Felsplatten und Trümmern leitet zum Beginn des Grates hoch. Dort nach dem ersten Grataufschwung kurz nach rechts und über eine kleine Kletterstelle hinauf, dann rechts auf ausgesetztem Band um einen Turm herum und wieder eine Stufe höher. Eine plattige Wandstelle wird mittels Eisenklammern überwunden. Man folgt der Gratschneide direkt weiter oder umgeht kleine Türme rechts auf Bändern bis zum Gipfelaufschwung. Dort im Fels eine Querung nach links und zum Gipfelkreuz. Über die Aussicht siehe oben.

Der Abstieg folgt dem „Normalweg", dem Anstieg von der Wödlhütte. Als Nordwestgrat bezeichnet hält er sich knapp links des Grates und zieht in vielen Kehren über Schuttbänder, Geröll und plattige Stufen steil in die Seewigscharte. Aus dieser

Der Abstieg von der Hochwildstelle auf dem „Normalweg", deutlich ist der ausgesetzte Einschnitt der Seewigscharte zu erkennen (Bildmitte)

über eine kleine Wandstufe ausgesetzt (kurze Kletterstelle) zum folgenden Kamm hinauf und gegen die Kleine Wildstelle. Vor deren höchstem Punkt schwenkt der Steig zuerst nach links, dann um die Gipfelkuppe herum wieder zum Grat und hinunter zur Neualmscharte (1 ¼ Std. ab Hochwildstelle). Von der Scharte folgt man dem Höfersteig (Weg 782) nach links durch das Geröll des Kares abwärts und später (Höfersteig links zur Preintalerhütte) über Almboden direkt zur Neualm. Immer wieder herrliche Rück- und Ausblicke.
Der Steig wird zum Pfad, er zieht in vielen Kehren durch den schattigen Wald tiefer. Nach der Hütte der Brandalm wird der Bach überschritten und im folgenden Hochwald schlängelt sich der Pfad wie auf einem Nadelteppich steil hinunter zur Kerschbaumeralm. Über den Riesachsee und die Forststraße gelangt man zum Parkplatz Untertal (3 Std. ab Neualmscharte).

Es war Ende September, ein Traumtag auf dem Gipfel der Hochwildstelle

16 Planai 1828 m Preintalerhütte 1657 m

Lange Höhenwanderung mit Pfiff

TOUR AUF EINEN BLICK

Anreise
Von Schladming mit der Gondelbahn auf die Planai (Auskunft über Betrieb, Tel. 03687/220 42-130).

Karten
Wie bei Tour 11.

Wegverlauf/Wegzeiten
Planai – Krahbergsattel – Tiefentalscharte – Spielbühel – Kaltenbachalm – Neualm – Preintalerhütte (7 Std.).

Charakteristik
Lange hochalpine und aussichtsreiche Höhenwanderung, die einige Male Trittsicherheit verlangt.

Der Höhenweg von der Planai zur Preintalerhütte ist in Nord-Süd-Richtung der längste Weg ohne Schutzhütte. An die acht Zweitausender werden unterwegs berührt, aber wegen der Länge des Weges kaum bestiegen.
Die Ausnahme ist nur der Krahbergzinken, den man als eigenes Bergziel besteigen (siehe Wegbeschreibung) oder als versierter Bergsteiger „überschreiten" kann. Letzteres geschieht südseitig aber ohne Markierung und ohne genauen Weg. Also nur für wirkliche „Experten". Ab dem Weg unter dem Krahbergzinken bis zur Neualm „bewegt" man sich immer im Bereich von 2000 m Höhe. Entsprechend großartig ist das Panorama, das ständig neue Blicke eröffnet.

WEGBESCHREIBUNG

Gleich nach der Schladminger Hütte weist eine Tafel mit „Höhenweg zur Preintalerhütte Nr. 779"

Kaltenbachalm: endlich Wasser auf diesem langen Weg

den Weg. Trittsicherheit erforderlich! heißt es auch, was beim Krahbergzinken mit „für Geübte" noch einmal unterstrichen wird.

Mit dem Rückblick zum Dachstein beginnt man auf dem breiten Panoramaweg das Unternehmen. Bald kommt man an „Uschis Bründl" vorbei, dem letzten Wasser bis zur Kaltenbachalm.

Am Krahbergsattel beginnt der erste Anstieg hinauf zur Abzweigung Krahbergzinken (ca. ¾ Std.). Wer nur zum Gipfel geht, folgt den steilen Kehren nach links aufwärts. Das letzte Stück zum Gipfel ist versichert, ab Hütte 1 ½ Std. Tolle Aussicht rundum.

TOUR AUF EINEN BLICK

Einkehr/Hütten

Schladminger Hütte auf der Planai, bewirtschaftet von Mitte Juni bis Mitte Oktober, Tel. 03687/226 39. – Preintalerhütte, bewirtschaftet Anfang Juni bis Anfang Oktober, Betten und Lager, Tel. 0664/144 88 81.

Information

Tourismusverband Dachstein-Tauern, Tel. 03687/233 10.

Rauhenberg und Sonntagerhöhe werden rechts umgangen, links hinten die dunkle Spitze des Höchsteins

Wer den Höhenweg geht, bleibt auf dem Pfad, der unter dem Krahberggipfel dessen steile, westliche Rasenflanke quert und einige Male wirklich sehr schmal wird.
Beim Abstieg in die Lärnachscharte helfen über die Felsplatten Seile und Eisenbügel. Dann folgt der längere und steile Anstieg zum Seerieszinken, immer im Zick-Zack, einmal auf der nord-östlichen Seite des Rückens, dann wieder auf der süd-westlichen. Mächtig zeigt sich der Höchstein. Der folgende kurze Abstieg leitet zur Senke vor dem Rauhenberg und bietet ein prächtiges Panorama zu Höchstein, Zwiesling, Rauhenberg, Sonntagerhöhe und Rabenköpfl.
Der Rauhenberg und die Sonntagerhöhe werden in ihrer bereits breiteren Almflanke rechts umgangen. Dafür muss man anschließend hinunter in die Tiefentalscharte, aus der man wieder recht ordentlich auf den Spielbühel ansteigt. Auf den Wiesen des „Bühels“ sollte man nach vorne schauen: Der Weg bis zur Preintalerhütte zeigt sich im Überblick. Dahinter das Waldhorn, der Schneider, die Hochwildstelle usw. und im Tal der Riesachsee, das Steinriesental bis zur Gollinghütte und zum Hochgolling.
Unter der Hasenkarspitze querend erreicht man die Abzweigung zum Höchstein. Der Weg wendet sich hier (aufpassen!) scharf nach rechts und in kurzen steilen Kehren abwärts, schließlich in den schönen Kessel mit der Kaltenbachalm samt kleinem See und Bach. Das Gipfelkreuz vom Höchstein ist zu sehen, der Walcher drängt überaus klobig ins Bild. Nach kurzem Gegenanstieg geht es lang gezogen über viele Felsstufen hinunter zur Neualm.
Jetzt heißt es noch einmal zum Höfersteig (kommt von der Scharte herunter) hinaufgehen, dem unser Weg in weiter Querung zur Preintalerhütte folgt. Beim steilen Schlussabstieg helfen bei Felsstufen Eisenklammern und kurze Seile. Dann hat ein großer Weg sein Ziel gefunden. Die Tafel bei der Preintalerhütte, die den Weg mit 5 Stunden angibt, gehört entfernt. Das kann für „normale“ Geher zur Unterschätzung des Weges verleiten! Wir sind beim Spielbühel einem Vater mit Tochter begegnet, die bis dorthin bereits 5 Stunden unterwegs waren (in Gegenrichtung).

17 Hauser Kaibling 1838 m Höchstein 2543 m

Über Almböden auf einen alpinen Gipfel für Trittsichere

Der Höchstein ist ein viel besuchter Gipfel. Verantwortlich dafür zeichnen der hoch gelegene Ausgangspunkt, der interessante Zustieg ab der Kaiblinglochscharte und der felsige Gipfel, der zu den bevorzugten Aussichtspunkten der Schladminger Tauern zählt. Viele Wege führen zum Gipfelkreuz. Vor über 40 Jahren zogen wir schon von der Kaiblingalm zur Höhe los, vom Moaralmsee führt ein Weg über die Filzscharte (siehe Seite 75) zum Gipfel und interessant ist auch der Anstieg von der Hans-Wödl-Hütte (siehe Seite 81).

TOUR AUF EINEN BLICK

Anreise

Nach Haus im Ennstal (mit Bahn, Bus, privat) und mit der Seilbahn (Auskunft, Tel. 03686/228 70) auf den Kaibling zur Krummholzhütte.

Karten

freytag & berndt, Wanderkarte 1:50.000, WK 201 (Schladminger Tauern) – Österreichische Karte 1:50.000, Blatt 127 (Schladming).

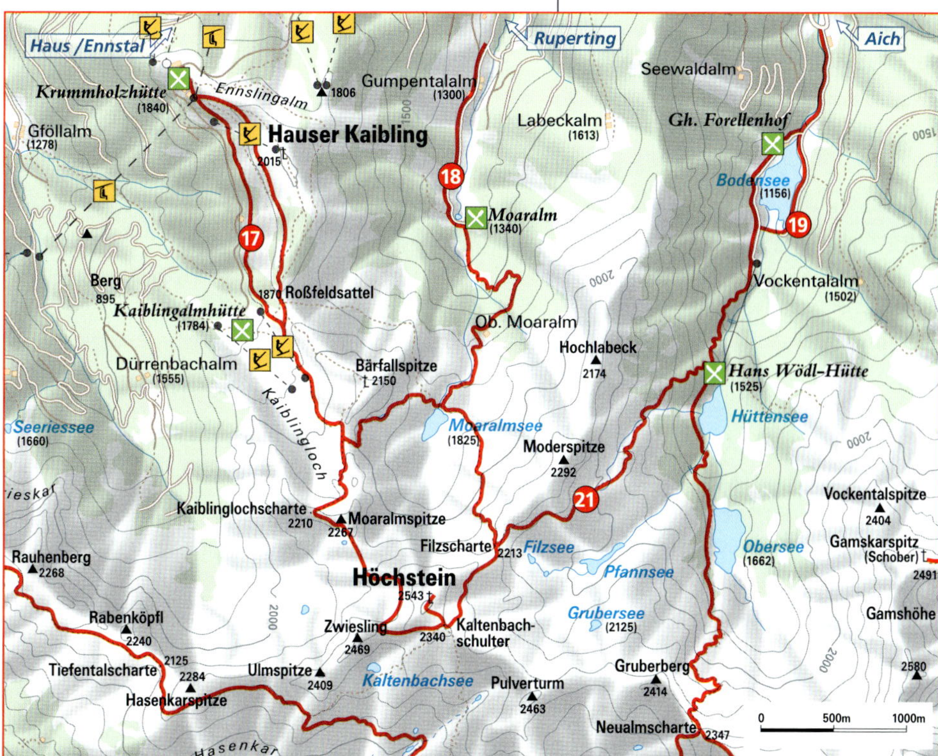

TOUR AUF EINEN BLICK

Wegverlauf/Wegzeiten
Von der Krummholzhütte in Richtung Kaiblingalm oder Rossfeldscharte, dann auf die Kaiblinglochscharte (1 ½ Std.), über die Zwieslingscharte auf die Kaltenbachschulter und zum Gipfel (1 ½ bis 2 Std.), Abstieg gleich (2 ½ Std.).

Charakteristik
Almwanderung und sehr alpiner Anstieg zum Höchstein.

Einkehr/Hütten
Krummholzhütte, bewirtschaftet von Anfang Juni bis Ende Oktober, Betten und Lager. Tel.03686/23 17.

Information
Tourismusverband Haus im Ennstal, Tel. 03686/22 34-4.

WEGBESCHREIBUNG

Mit der ersten Seilbahn (8 Uhr) zur Krummholzhütte und auf einem der Wege nach Süden losmarschiert. Linkshaltend kann man gegen den Kaibling ansteigen, querend zum Rossfeldsattel und weiter zur Seescharte gehen oder auf der Zufahrtsstraße zur Kaiblingalm (mit TVN-Hütte). Knapp vor letzterer weist eine Tafel („Höchstein, Seescharte“) nach links über die Wiesen aufwärts. In mehreren Aufschwüngen (an einem Bründl vorbei) steigt man über die Almböden, die in einen Steig zur Seescharte münden (Blick steil hinunter zum Moaralmsee).

In weitem Rechtsbogen zieht der steinige Weg jetzt unter der Karlspitze und der Moaralmspitze über

dem Kaiblingloch zur Scharte hinauf. Das letzte Stück ist steil, schottrig und sandig, ein fester Tritt ist gefragt. Von der Kaiblinglochscharte beeindruckende Sicht auf die dunkle Nordwand des Höchsteins, zum Zwiesling und zum gesamten Kammverlauf in Richtung Planai.

Weiter geht man in das weite Kar unter dem Höchstein, steigt über Felsblöcke (einige Eisenklammern) und wendet sich nach rechts aufwärts dem Zwiesling zu. Über Schutt und Geröll wird

die Zwieslingscharte erstiegen, im letzten Wegteil helfen Seilsicherungen und wieder Eisenklammern. Vorsicht bei Nässe, Schnee oder Vereisung. Ein Prachtblick zum Hochgolling, zum Greifenberg, zur Hochwildstelle, zu den nahen Gipfeln Walcher und Pulverturm sowie hinunter zum Kaltenbachsee belohnen die Mühen.
Dann zieht der Pfad links (Südseite des Höchsteins) gegen die Kaltenbachschulter hinauf, aber noch vor dieser wieder links über Schutt und Gesteinsblöcke

Herrlicher Blick von der Kaiblinglochscharte zum Höchstein (links) und zum Zwiesling (rechts)

steil zum Gipfel. Auf der Höhe kurzer, etwas ausgesetzter Felskamm. Der Höchstein bietet eine herrliche Rundschau in die Schladminger Tauern, gegen Norden zum Dachsteinstock, ins Tote Gebirge und im Südwesten in die Hohen Tauern.

18 Moaralm 1340 m
Moaralmsee ca. 1820 m

Familienwanderung zum eindrucksvollen Bergsee

TOUR AUF EINEN BLICK

Anreise
Von Ruperting mit Pkw mautfrei zur Moaralm (rund 7 km), eventuell Tälerbus, Auskunft Tel. 03686/22 34-4.

Karten
Siehe Tour 17.

Wegverlauf/Wegzeiten
Von der Moaralm zum See hinauf (Weg 781), 1 ½ Std. Abstieg gleich (rund 1 Std.).

Charakteristik
Schöner Almanstieg zum herrlichen Bergsee.

Einkehr/Hütten
Maierl-Almhütte, Schmiedalmhütte, Moaralmhütte als Jausenstationen.

Information
Siehe Tour 17.

Skizze
Siehe Seite 71.

Da man von Ruperting bis zur Moaralm (oder auch schon Gumpentalalm) mit dem Pkw hinauffahren kann, ist der Weg zum Moaralmsee eine wunderbare Almwanderung, die durch die Forststraße (viele Serpentinen zur Oberen Moaralm) für jedermann zu bewältigen ist. Das Steiglein zum See bietet keine Schwierigkeiten, dafür aber tolle Sicht zurück.
Da man vom See über die Filzscharte den Höchstein erklimmen kann, wird auf diesen Zustieg hingewiesen.
Und viele Gäste machen eine Runde über den Hauser Kaibling: Auffahrt mit der Seilbahn, dann

Das erste Eis schwimmt bereits im Oktober auf dem Moaralmsee

Prächtig verfärbte Lärchen unter der Bärfallspitze

Wanderung zur Seescharte, herunter zum Moaralmsee und von der Moaralm mit dem Tälerbus zurück ins Ennstal (Tälerbusauskunft: Tel. 03686/22 34-4).

WEGBESCHREIBUNG

Von der Gumpentalalm oder Moaralm folgt man der Fahrstraße direkt auf den Höchstein zu. Im breiten Talboden fließt der Almbach, auf den Weideböden grasen die Rinder, vor sich blickt man direkt auf die mächtige Geländestufe, auf der man den See weiß. Und dahinter baut sich die dunkle Nordwand des Höchsteins auf, hinter der rechts der Zwiesling hervorlugt.
Darum nichts wie losmarschiert, um noch im Morgenschatten den Anstieg im Wald zu schaffen. Im hintersten Talboden zieht die Straße nach links in vielen langen Kehren aufwärts bis zur Oberen Moaralm (Straßenende). Da sollte man nach rechts auf die zwei Steinblöcke steigen: großartige Sicht ins Tal zurück und in die Berge des Ennstales: Kammspitze, Stoderzinken und Kufstein.
Ein gutes Steiglein bringt uns dann an den letzten Lärchen und Fichten vorbei hinauf in den Kessel mit dem Moaralmsee, hinter dem sich überaus wuchtig der Höchstein erhebt. Rasten und Genießen, Wanderung um den See, Bestaunen der Umgebung mit Bärfallspitze, Karlspitze und Moaralmspitze sind angesagt. Der Abstieg erfolgt auf dem Anstiegsweg.

Zum Höchstein

Links vom See (Weg 781) zieht der Steig in der steilen Flanke unter der Moderspitze hoch und zum Kar zwischen Moderspitze und Höchstein, dort in Serpentinen steil hinauf zur Filzscharte. Jetzt nach rechts zur Kaltenbachschulter und zum Gipfel (von der Gumpentalalm 3 ½ bis 4 Std.). Trittsicherheit notwendig.

19 Seewigtal/Bodensee 1157 m Hans-Wödl-Hütte/Hüttensee 1528 m Obersee 1672 m

Drei Seen als interessante Ziele

TOUR AUF EINEN BLICK

Anreise
Von Aich/Ennstal über den Gössenberg auf Mautstraße zum Parkplatz vor dem Bodensee. Auch von Ruperting zum Bodensee möglich. – Für 2006 ist eine Taxibus-Verbindung zum Bodensee geplant, Auskunft bei Tourismusverband, Tel. 03686/22 34-4.

Karten
Wie bei Tour 17.

Wegverlauf/Wegzeiten
Vom Parkplatz zum Bodensee und auf Weg 782 zur Hans-Wödl-Hütte (1 ½ Std.). Weiter am Schleierfall vorbei zum Obersee (½ Std.). Abstieg zum Parkplatz 1 ½ Std.

Charakteristik
Das Erlebnis eines Tauerntales, in dem auf drei übereinander liegenden Geländestufen drei Bergseen ruhen, dazu ein „schwebender" Wasserfall.

Einkehr/Hütten
Forellenhof beim Bodensee (Gasthaus). – Hans-Wödl-Hütte beim Hüttensee, bewirtschaftet von Mitte Juni bis Ende September, Tel. 03686/42 23.

Information
Tourismusverband Haus – Aich – Gössenberg, Tel. 03686/22 34-4.

Skizze
Siehe Seite 71.

Das Seewigtal ist ein Kleinod in den nordseitigen Tauerntälern. Schon auf der ersten Geländestufe tut sich ein Panorama auf, das alles beinhaltet, was die Tauern ausmacht: ein breiter Boden mit einem idyllischen See, auf beiden Seiten steil ansteigende Bergflanken, im Hintergrund ein tosender Wasserfall und wieder dahinter ein mächtiger Berg, die Hochwildstelle.
Über dem großen Wasserfall sitzt auf dem zweiten Absatz eine prächtige Schutzhütte, die nach dem Erschließer der Schladminger Tauern, Hans Wödl, benannt ist. Es war ihm vergönnt, auf dieser Hütte seinen irdischen Lebensweg zu beenden.

Es ist ein langer Weg vom Bodensee zur Hochwildstelle im Hintergrund

WEGBESCHREIBUNG

Vom Parkplatz geht man in wenigen Minuten auf der Fahrstraße durch lichten Wald zum Forellenhof am Bodensee.

Wer die Anstiege scheut, der könnte jetzt gleich um den See herumgehen (½ Std., gemütlich) und sich am Panorama satt sehen.

Wer aber hinauf will, der folgt dem Weg 782 rechts am Seeufer entlang und beginnt an dessen Ende anzusteigen. Schon nach ca.15 min. kann man links mit wenigen Schritten zu den heruntertosenden Wassermassen des Bodenseer Baches heran. Dann nach rechts zurück und über viele Steinstufen steil hinauf zur Wödl-Hütte mit einladendem Rückblick auf den Bodensee und zur Kammspitze (nördlich von Gröbming) dahinter. Zum Obersee zieht der Steig wieder rechts über dem zweiten See (Hüttensee) gewunden höher. Man kommt unter dem Schleierfall vorbei (besonders schön nach der Schneeschmelze, wenn die

Der Wasserfall auf dem Weg zur Hans-Wödl-Hütte

Wassermassen über die Felskanten „staubend" herunterschweben) und geht in den nächst höheren Kessel zum Obersee hinauf, direkt unter der Nordwand der Hochwildstelle. Ein Platz zum Schauen.
Von da zeigt sich der gesamte Weg zur Neualmscharte und über die Kleine Wildstelle mit dem Abstieg in die markante Seewigscharte samt Schlussanstieg über den Nordwestgrat zur Hochwildstelle. Das ist die nächste Tour.

20 Hans-Wödl-Hütte 1528 m Neualmscharte 2347 m Hochwildstelle 2747 m

Ein „Normalweg", der es aber in sich hat. Nichts für Wanderer.

TOUR AUF EINEN BLICK

Anreise und Karten
Wie bei Tour 19.

Wegverlauf/Wegzeiten
Von der Wödl-Hütte zum Obersee und steil weiter zur Neualmscharte (2 ½ Std.). Dann nach links auf die Kleine Wildstelle und über die Seewigscharte auf die Hochwildstelle (1 ½ Std.).

Charakteristik
Große Bergtour auf herausragenden Gipfel für absolut Trittsichere.

Einkehr/Hütten und Information
Wie bei Tour 19.

Der „Normalweg" auf die Hochwildstelle gehört zu den klassischen Wegen. Man erlebt jede Bergstufe bis in die Felswüste des hochalpinen Bereiches. Trittsicherheit und Schwindelfreiheit sind mehrfach gefordert, besonders beim Passieren der Seewigscharte, die zusätzlich zum Schutt und zur Steilheit ein kurzes Stück ordentlich ausgesetzt ist.

WEGBESCHREIBUNG

Von der Wödl-Hütte folgt man dem Steig hinauf zum Obersee, wie bei der vorhergehenden Tour beschrieben. Dann zieht die Markierung rechts am See vorbei, gleichzeitig hat man den gesamten Aufstieg zur Neualmscharte vor sich: zuerst noch flacher, dann aber immer steiler, je näher man der Scharte kommt. Beim Schlussanstieg zur Scharte kann bis lange in den Sommer ein Restschneefeld liegen, dann ist Vorsicht geboten.
Von der Scharte wendet sich der Steig, jetzt hochalpin, der Kleinen Wildstelle zu. Links des Gratverlaufes beginnt der etwas mühsame Aufstieg über

Bodensee, Hüttensee und Obersee, vom Gipfel der Hochwildstelle aus gesehen

Schutt und Geröll, bis er unter der Gipfelkuppe nach rechts quert und den höchsten Punkt rechts-links umgeht. Eine plattige Stelle wird überschritten, dann betritt man den breiteren Rücken, der felsig weiter auf die Hochwildstelle zu führt.

Zuvor aber noch eine schwierigere Stelle, die Seewigscharte. Man muss über eine Wandstufe, zwar gut gegliedert, aber ausgesetzt, in die Scharte hinunter. Da haben schon manche „Bauchweh" bekommen. Der Gipfelanstieg benützt nun den Nordwestgrat und zieht rechts der Gratschneide in vielen kleinen Kehren über Geröll, Schutt und ein paar plattige Stellen steil zur Höhe. Einige Wandstufen sind in ganz leichter Kletterei zu bewältigen. Dann ist es geschafft, dem großen Gipfelerlebnis steht nichts mehr im Wege. Über Aussicht und Panorama siehe Seite 64.

Abstieg über die Aufstiegsroute, bis zur Hans-Wödl-Hütte 2 ½ bis 3 Std., zum Parkplatz zusätzlich 1 ¼ Std.

21 Hans-Wödl-Hütte 1528 m Filzscharte 2201 m Höchstein 2543 m

Ein Weg, der entsprechende Kondition und Trittsicherheit voraussetzt.

TOUR AUF EINEN BLICK

Anreise, Karten, Einkehr/Hütten und Information

Wie bei Tour 19.

Wegverlauf/Wegzeiten

Von der Hans-Wödl-Hütte steil zu den Filzscharten (2 ½ Std.), über die Kaltenbachschulter auf den Gipfel (1 ¼ Std.).

Charakteristik

Steile Anstiege gleich nach der Hütte, zur Filzscharte und von der Kaltenbachschulter zum Gipfel. Großartiges Panorama.

Skizze

Siehe Seite 71.

Von der Hans-Wödl-Hütte führt ein meist steiler Weg zum Höchstein, der nicht so viel begangen ist wie jener von der Krummholzhütte. Dafür gibt es die Möglichkeit, eine „Runde" über den Höchstein zu machen: Hinauf zum Gipfel und dann über die Zwieslingscharte zum Hauser Kaibling (siehe Tour 17) oder von der Filzscharte zum Moaralmsee und über die Gumpentalalm (von dort mit Taxi/Tälerbus, Auskunft beim Tourismusverband in Haus, Tel. 03686/22 34-0) ins Ennstal.

Wer auf der Wödl-Hütte Standquartier bezieht, der muss wieder dorthin zurück.

Der Höchstein ist geschafft!

WEGBESCHREIBUNG

Man geht bei der Hütte über den feuchten Boden und folgt nach Hinweis dem schmalen, gut ausgetretenen Steig, der sich durch die Buschzone steil nach oben windet. An die 250 Höhenmeter fließen hier die Schweißperlen. Dann wird der Bach nach links gequert, der Weg wird etwas flacher. Weiter über einen Rücken, der in zwei Aufschwüngen zur Höhe leitet und überraschende Blicke auf Pulverturm und Walcher gewährt.

Über eine steile Mulde erreicht man einen Sattel, erblickt vor sich den Höchstein und links die kleinen Filzseen. Rechtshaltend zieht der Steig nun in kurzen Kehren steil hinauf zur Unteren Filzscharte (Ausblick zum Dachsteinstock).

Von der Scharte geht man links haltend weiter, umgeht über einen Hang mit Felstrümmern und Blöcken westlich einen markanten dunklen Felsturm und hinauf zur Oberen Filzscharte. Von dieser folgt man dem teils begrünten Steig in das breite Kar südöstlich des Höchsteins über Blöcke und Schutt zur Kaltenbachschulter. Jetzt Wendung direkt auf den Gipfelaufschwung zu, man steigt über den vorerst breiten, mit Schutt übersäten Rücken zu den ansetzenden kleinen Wänden hinauf. Über eine Wandstelle mit hohen Felsstufen (Eisenstift) erreicht man den Grat, der nach rechts ausgesetzt zum Gipfelkreuz führt. Großartiges Panorama zu den nördlichen Ennstaler Bergen, zu den Schladminger und Hohen Tauern.

Gemütliches Hüttenleben auf der Hans-Wödl-Hütte

22 Gh. Bottinghaus 1640 m Galsterbergalmhütte 1780 m Pleschnitzzinken 2112 m

Ein Zweitausender als Almwanderung

TOUR AUF EINEN BLICK

Anreise
Von Pruggern im Ennstal auf Bergstraße in Richtung Galsterbergbahn bis zum Gasthaus Bottinghaus (Parkplatz, ca. 10 km).

Karten
freytag & berndt, Wanderkarte 1:50.000, WK 201 (Schladminger Tauern) - Österreichische Karte 1:50.000, Blatt 128 (Gröbming).

Wegverlauf/Wegzeiten
Vom Parkplatz Bottinghaus zur Galsterbergalmhütte (20 min.), weiter über Wiesenflanke zur Pleschnitzzinkenhütte (für Selbstversorger) und zum Gipfel (1 Std. ab Almhütte).
Gesamtabstieg bis Fahrzeug 1 Std.

Charakteristik
Angenehme Almhütte und über die Almböden aussichtsreich zum Gipfel.

Einkehr/Hütten
Hütte auf der Galsterbergalm (Anna und Josef Hutegger, Tel. 03685/237 97).

Information
Pruggern Gemeindeamt/Tourismusbüro, 03685/225 90.

Skizze
Siehe Seite 79.

Der hoch gelegene Ausgangspunkt beim Parkplatz Bottinghaus (im Sommer kein Wirtsbetrieb) ermöglicht die Besteigung des Berges als familienfreundliche „Almwanderung“. Dazu kommt der heimelige Platz bei der Galsterbergalm, auf der bei unserem letzten Besuch an die 30 Hochlandrinder grasten. Am schönsten ist es da oben zur Zeit der Almrauschblüte Ende Juni/Anfang Juli.

WEGBESCHREIBUNG

Vom Parkplatz geht man neben dem Sessellift in südlicher Richtung zum Wald und findet dort einen Hinweis zum Pleschnitzzinken und zur Jausenstation Galsterbergalm. Dem Hinweis folgt ein guter Pfad zwischen vielen Farnen und Schwarzbeerstauden im lockeren Fichten- und Lärchenbestand hinauf zur einladenden Hütte.
Der weitere Anstieg zum Pleschnitzzinken benützt ab der Hütte eine kleine und schmale Almstraße (Richtung Gipfel), der man bis zu einer deutlichen Linkskehre folgt. Da zieht nach rechts ein steilerer Weg durch die Wiesenflanke in zuerst weiten, dann kurzen Kehren aufwärts zum Kamm mit der Pleschnitzzinkenhütte (Selbstversorger). Hüttenplatz mit wunderbarer Aussicht zu den Bergen des Ennstales: Grimming, Kammspitze, Stoderzinken, Dachsteinmassiv usw.
Jetzt wendet man sich links dem Gipfel zu und geht über den breiten Rasenrücken gemütlich zum sichtbaren Gipfelkreuz hinauf. Schafe und viele Eisenhutstauden säumen den Weg über die Gipfelwiese. Unterwegs zeigt sich bereits der Höchstein mit seiner markanten Spitze, dann baut sich im Süden die Hochwildstelle mächtig auf. Im Norden

wandert das Auge vom Toten Gebirge über alle Höhen hinüber bis zum Tennengebirge.
Zum Abstieg wählten wir nach rechts (Osten) den Steig über den steilen Rasenkamm (links der Skistangenmarkierung), der in kurzen Serpentinen zum Boden beim Kalteck hinunterführt. Jetzt kann man die Runde mit kurzem Anstieg zur Bergstation des Sesselliftes erweitern oder gleich auf der Zufahrt zur genannten Station wieder auf die Galstergalm gehen.

Bei der freundlichen Galsterbergalmhütte genießen auch die Hochlandrinder den Bergsommer

Scheibeleck und Schober

Von der Höhe des Pleschnitzzinkens können Gipfelsammler noch zweimal zuschlagen: auf das Scheibleck und eventuell zum Schober (auch Gamskarspitze genannt).
Dafür muss man auf der Westseite auf schmalem Steig rund 150 m hinab und dann wieder zum Scheibleck hinauf (wenig lohnend).

Wer zum Schober will, geht diesen Weg über das Scheibleck und dann dem Kammverlauf folgend auf teils schmalem Steig über Gras, Schutt und Steinblöcke (vor allem beim Schlussanstieg) bis zum Gipfel (hin und zurück 4 Std. zusätzlich).

23 Sattental/Parkplatz ca. 1280 m Stierkarsee 1810 m Goldlacken ca. 2200 m

Gemütliche Familienwanderung zur Sattentalalm, dann steil zur Höhe

TOUR AUF EINEN BLICK

Anreise
Von Pruggern in Richtung Galsterbergalm, dann von der Asphaltstraße links ab ins Sattental zum Parkplatz, 700 m vor der Perneralm.

Karten
Wie bei Tour 22.

Wegverlauf/Wegzeiten
Vom Parkplatz zur Sattentalalm (½ Std.), dann steil zum Stierkarsee (2 Std.). Zu den Goldlacken über Höhenrücken steil aufwärts (1 ½ Std.).

Charakteristik
Herrlicher Platz beim Stierkarsee und bei den Goldlacken.

Einkehr/Hütten
Almhütten, Jausenstation auf der Perneralm, keine Übernachtung möglich.

Information
Wie bei Tour 22.

Skizze
Siehe Seite 79.

Das Sattental gehört zu den schönsten Hochtälern der Niederen Tauern. Von der Lettmoaralm am Beginn öffnet sich der weite Almboden, aus dem beiderseits die steilen Flanken (Wiesen und Wälder) aufwärts ziehen, während im Talschluss mächtige Berge (Stierkarkopf und Umlaufer) den Abschluss bilden. Man wandert vom Parkplatz auf dem Fahrweg in das breite Tal leicht steigend einwärts, ideal für jede Familienwanderung. Die urige Jausenstation auf der Perneralm sorgt mit dem Angebot von Speis und Trank für die Zufriedenheit der Gäste. Will man hinauf zu den Goldlacken, dann früh aufbrechen, der steile Anstieg bleibt im Schatten.

Der Stierkarsee ist immer einen Besuch wert, dahinter der Umlaufer

WEGBESCHREIBUNG

Die kleine Fahrstraße zieht bis zu den letzten Hütten auf der Sattentalalm einwärts, dann hält die Markierung 26 über eine Wiese auf den Graben unter der Langschneerinne zu. Ein Bächlein wird auf einem Brückerl überschritten, dann überwindet der Weg auf einem schmalen Rücken durch lockeren Wald über viele Stufen die nächsten Höhenmeter. Linker Hand schießen die Wasser aus dem Sonntagskar herunter, so gelangt man in die breite Langschneerinne, aus der man höher oben nach rechts auf einen Rücken steigt (Eisenstift bei Felsstufe), wo sich in ca. 1900 m Höhe die Wege teilen: rechts fast 100 Höhenmeter abwärts zum ruhigen Stierkarsee in einer Mulde unter dem Umlaufer.

Nach links geht es auf dem Rücken an dessen Ende, dann rechts über den Bach und in vielen Kehren über Geländestufen steil aufwärts. Der Pfad wird felsiger, man sollte genau auf die Markierung acht geben.

Auf dem Plateau mit den Lacken, den abgeschliffenen Felsklötzen und von grünen Gräsern umgebenen kleinen Seen beginnt das Genießen. Ein paradiesischer Platz mit großer Einsamkeit, dem ich leider nie viel Zeit gewidmet habe, da wir zur Hochwildstelle unterwegs waren. Zur Hochwildstelle folgt man dem Weg nach rechts über Felsblöcke zur Trattenscharte (oft Restschneefelder), ins Trattenkar und zur Wildlochscharte. Von dort über den Südostgrat zum Gipfel (1 ½ Std.). Siehe dazu auch Seite 65.

Links führt ein Steig über die Karlkirchen (Felsgebilde wie Kirchlein) und die Lassachalm zur Breitlahnhütte hinab.

Die Jausenstation Perneralm sorgt dafür, dass keiner verhungert oder verdurstet

24 Michaelerberghaus 1203 m Kochofen 1916 m Spateck 2256 m

Geheimtipp für Einheimische und lange Höhenwanderung

TOUR AUF EINEN BLICK

Anreise
Von Öblarn oder Gröbming nach Moosheim und über Bergstraße zum Michaelerberghaus.

Karten
Wie bei Tour 22.

Wegverlauf/Wegzeiten
Durch Wald auf den Kochofen (2 Std.), über die Höhen zum Spateck (2 Std.). Zurück mindestens 3 Std.

Charakteristik
Waldanstieg zum Gipfel mit vielen Ausblicken, dazu lange Höhenwanderung zum Spateck.

Information
Tourismusverband Gröbminger Land, Tel. 03685/221 31-0.

Der Kochofen ist ein eher unterschätzter Gipfel, der von den Einheimischen vom Michaelerberghaus erstiegen wird. Denn der Weg vom Ort Kleinsölk muss bis zum Gipfel fast 1000 Höhenmeter überwinden.
Einem anderen Problem begegnet man, will man das Spateck ersteigen. Der Weg aus dem Kleinsölk-Tal *sollte* laut Karten ein Stück nach der Abzweigung zum Gh. Mössner seinen Anfang nehmen. Doch es versperren Zäune und Gatter den Beginn des Weges. Da liegt Absicht dahinter.
Wie ich vom Tourismusverband Sölktäler erfahren habe, soll es ab 2006 einen neuen Zustieg auf das Spateck geben, der von der Familie Pircher betreut werden soll. Auskunft darüber erhalten Sie beim Tourismusbüro Sölktäler, Tel. 03685/231 80.
Immer kann man den Weg auf das Spateck über die Höhen vom Kochofen aus gehen. Ein Weg für solche, die bei guter Kondition sind.

WEGBESCHREIBUNG

Auf einem alten Almziehweg beginnt der Aufstieg zum Kochofen, der gleich ordentlich Höhenmeter macht und im lockeren Wald Ausblicke zum Pleschnitzzinken und hinunter ins Sattental gewährt. Eine neue Forststraße (2004) bleibt rechts, der Weg zieht links oberhalb weiter. Nach rund ½ Std. heißt es, sich entscheiden, rechts zum Loskögerl (steiler), links über den Kniepaß (gemütlicher, aber weiter).
Nach rechts kurz auf dem Ziehweg, dann links in vielen kurzen Kehren steiler zum Loskögerl, prächtige Aussicht zu den Ennstaler Bergen mit dem Toten Gebirge dahinter.
Nach dem folgenden kleinen Sattel stießen wir auf

Sölker Marmor beim Abstieg vom Kochofen

Windbrüche, die an diesem Tag bis zum Gipfel nicht aufhören sollten.
Ein gewundener Steig gewinnt über dem Kamm an Höhe, in ca. 1750 m erfrischt ein klares Bründl. Dann einfach höher, meist an der Kante des Rückens mit Blick ins Sattental. Nach 2 Std. ist der Gipfel geschafft. Er schenkt herrliche Ausblicke rundum. Und dazu noch auf den Kamm zum Spateck, die Tuchmoaralm, den Knallstein, das Gjoadeck usw. und natürlich hinunter nach Gröbming. Zum Spateck folgt man dem langen Höhenweg über mehrere Gipfel zum Schladminger Törl und von diesem zum Spateckgipfel (mindestens 2 Std.). Zurück zum Kochofen (1 ½ Std.).

Vom Kochofen geht man nach rechts hinunter in Richtung Kleinsölk, das direkt unter dem Gipfel liegt. Der Pfad windet sich über Wiesengelände, bald aber entlang einer breiten Rinne mit Felsstufen („Sölker Marmor“) steiler abwärts Richtung Kniepaß. Auf ca. 1680 m hält man sich bei der Wegteilung links und geht auf schönem Waldweg zum Wegbeginn Loskögerl (vom Aufstieg) und zum Michaelerberghaus. Eine kleine oder eine große Tour, beide mit großartigen Ausblicken.

25 Breitlahnhütte 1070 m Trattenscharte 2408 m Preintalerhütte 1657 m

Hoher, alpiner Übergang mit vielen Möglichkeiten

TOUR AUF EINEN BLICK

Anreise
Von Stein an der Enns zum Parkplatz knapp vor der Hütte (Mautstraße). Tälerbus von Montag bis Freitag, Auskunft beim Tourismusverband Sölktäler, Tel. 03685/231 80.

Karten
freytag & berndt, Wanderkarte 1:50.000, WK 201 (Schladminger Tauern). – Österreichische Karte 1:50.000, Blätter 127 (Schladming), 128 (Gröbming).

Wegverlauf/Wegzeiten
Von der Breitlahnhütte über die Lassachalm zur Karlkirchen (2 Std.), weiter zur Trattenscharte (2 Std.). Durchs Trattenkar abwärts zur Preintalerhütte (1 ½ Std.).

Charakteristik
Wenig begangene, landschaftlich sehr interessante Überschreitung mit möglichem Anstieg zur Hochwildstelle.

Einkehr/Hütten
Breitlahnhütte, bew. von Ende Mai bis Anfang Oktober, Lager und Betten. Tel. im Tal: Rohrmoos-Untertal, 03687/613 21.
Preintalerhütte, bew. von Anfang Juni bis Ende September, Betten und Lager, Tel. 0664/144 88 81.

Information
Tourismusverband Sölktäler, Tel. 03685/231 80.

Skizze
Siehe Seite 65.

Ob man bei dieser Tour die Hochwildstelle „mitnimmt“, wird von der Kondition und vom Wetter abhängen. Aber auch ohne den Gipfel ist es eine interessante und ordentliche Bergfahrt, bei der man verschiedene Landschaftsformen erlebt: zuerst den Waldanstieg, dann Almböden und steile Almflanken bis zu den zauberhaften Goldlacken hinauf. Daran schließen sich Fels- und Blockhalden, die im Trattenkar ihren Höhepunkt finden.
Unterschätzen sollte man die Tour nicht, gilt es doch, bis zur Trattenscharte fast 1400 Höhenmeter zu bewältigen.

WEGBESCHREIBUNG

Mit der Wegnummer 702 (Strecke des Zentralalpenweges) geht man von der Breitlahnhütte nach

Westen zum Wald und in diesem mit vielen Serpentinen steil, aber schattig aufwärts. Das letzte Stück zur Lassachalm benützt der Weg dann die Almzufahrt. Gleich nach der Hütte hält die Markierung rechts auf die Almlehne zu und führt durch schütteren Baumbestand steil höher. Im Westen zeigen sich die Felsmauern der Schareckgipfel, während man später über blühende Rasenböden und durch Latschen den Felsklotz der Karlkirchen erreicht (Höhle als Unterstand).
Nun kurz in die Senke abwärts, die von einem Bächlein aus der Schareckscharte durchflossen wird und in der Folge unter dem Hohen Schareck teilweise sehr schmal und etwas ausgesetzt hinauf zu den Goldlacken (unterwegs auch erdig nass). Wunderbarer Platz, hier könnte man ins Sattental absteigen (siehe Seite 85).
Über Felstrümmer und Blöcke geben rote Farbmarken den weiteren Weg an, oder man stapft über das Schneefeld, das hier oft lange im Jahr anzutreffen ist.
Mit dem Trattenkar ist ein eindrucksvoller Felskessel geschafft, der von der Hochwildstelle, den Schareckgipfeln, der Wildlochhöhe und dem

Gewaltige Felsblöcke leiten zur Trattenscharte hinauf

Schneider umrahmt wird. Für die „Experten“: Von der Wildlochscharte zieht der Steig über den Südgrat auf die Hochwildstelle (siehe Beschreibung Seite 66, Mehraufwand bis zurück herunter 1 ½ Std.).
Zum Abstieg wendet man sich nach Westen und geht über mehrere Geländestufen zur Preintalerhütte hinab.

Kurze Rast bei der „Karlkirchen“ auf dem Weg von der Lassachalm ins Trattenkar

26 Beitlahnhütte 1070 m Putzentalalm 1354 m

Genussvolle Almwanderung zu großem Tauernsee und zu einladender Alm

TOUR AUF EINEN BLICK

Anreise, Karten
Wie bei Tour 25.

Wegverlauf/Wegzeiten
Von der Breitlahnhütte auf Fahrweg zum Schwarzensee und zur Putzentalalm (1 ¾ Std.). Rückweg gleich (1 ½ Std.).

Charakteristik
Gemütliches Wandern über Almen, durch Wald und am See vorbei.

Einkehr/Hütten
Breitlahnhütte, siehe Tour 25. – Almhütte auf der Putzentalalm, Auskunft über Öffnungszeiten (Bergsteigerquartier) bei Fam. Ladreiter, Tel 03685/228 20.

Information
Siehe Tour 25.

Diese Familienwanderung hat mehrere Highlights anzubieten: Zuerst die Breitlahnhütte mit der Hausspezialität: Forellen! Der glasklare Schwarzenseebach ist nicht nur Garant für die Qualität der Fische, er ist auch eingebunden in den Wasserschaupfad Schwarzensee.

Weiters ist der wunderbare Platz mit den ruhigen Wassern des Schwarzensees zu nennen, dann der viele Wald und schließlich die Putzentalalm mit dem Talschluss, wo von allen Seiten Wasseradern, Bäche und kleine Wasserfälle herunterschießen. Dass hier der echte Steirerkas gekocht und angeboten wird, hat Tradition, die schon von der legendären Sela (Gisela Ladreiter) über 60 Jahre hochgehalten wurde. Alles findet man hier, nur keine Almeinsamkeit. Es ist einfach zu schön, daher kommen viele. Auch Erzherzog Johann war von dieser Gegend fasziniert, er überlegte sich hier anzukaufen.

Nur noch wenige Meter sind es zur Putzentalalm

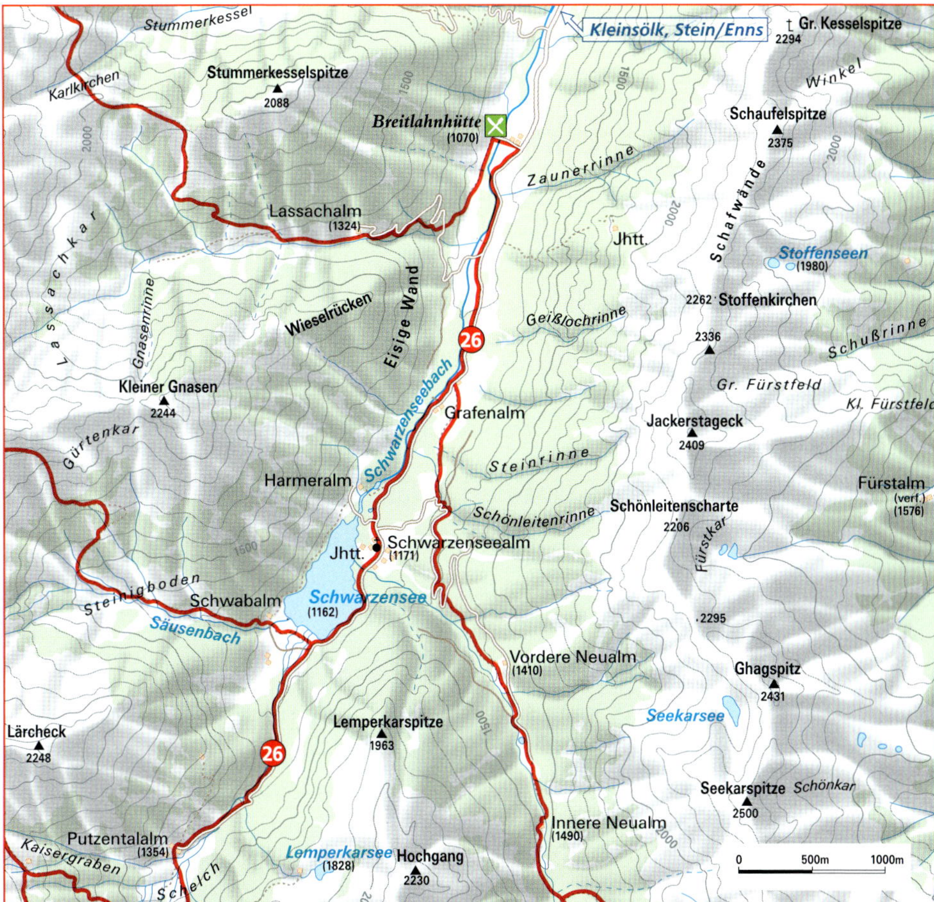

WEGBESCHREIBUNG

Von der Breitlahnhütte zur Putzentalalm wird die Almzufahrt (Weg 786) benützt. Bis zum Schwarzensee steigt der Weg nur ganze 100 Höhenmeter, das erlaubt tüchtig auszugreifen und die Bergspitzen beiderseits des Tales zu betrachten. Sobald die Grafenalm erreicht wird, fallen die Einrichtungen für die Winterfütterung des Hochwildes auf. Vor Jahren haben wir da beim Abstieg an einem Spätnachmittag in den Bergflanken unter dem Kleinen Gnasen zwei kapitale Hirsche beobachten können.

An den Hütten der Grafenalm vorbei (Jausenstation) betritt man den Wald und geht jetzt etwas steiler zum Schwarzensee aufwärts. Unterwegs hat das viele Wasser die Moose auf den Steinen ungewohnt reich und hoch anwachsen lassen. Dann ruht das Auge auf dem Wasserspiegel des Schwarzensees. Im Süden ragen die Gipfel der Schafkarspitze und des Schönecks aus den Wäldern, rechter Hand stürzt ein kleiner Wasserfall nieder. Die Spitzen des Großen Gnasen und des Kiesecks begrenzen den Horizont nach Westen. Nach dem See wird der Weg steiler und nach etwas mehr als einer halben Stunde erreicht der Weg die Putzentalalm mit dem herrlichen Almkessel. Ein guter Platz zum Verweilen.

27 Breitlahnhütte 1070 m und alte Übergänge alle über 2000 m

Aus dem Kleinsölktal über hohe Scharten in den Lungau und in die „Groga"

TOUR AUF EINEN BLICK

Allgemeine Angaben wie bei Tour 26.

Bereits beschrieben wurden die Übergänge über die Rettingscharte (Seite 63) und über die Kaiserscharte (Seite 60f). Im Folgenden sollen auch die Wege über die Landschitzscharte, über das Prebertörl und das Rantentörl Erwähnung finden.

WEGBESCHREIBUNG

Landschitzscharte (2345 m)

Der Weg zieht von der Putzenalm über den von Steinen übersäten Almboden gegen Süden höher. Dann verabschiedet sich der Weg zur Kaiserscharte nach rechts. Unser Weg führt in der Kraut- und Buschstufe an die 200 Höhenmeter steiler nach oben und verlässt dann den Weg zum Prebertörl ebenfalls nach rechts (Nummer 784) zur Landschitzscharte. Zuerst noch im lockeren Baum-

Gerne besuchtes Ziel ist das Rantentörl mit tollem Blick auf den Rantensee und die lang gezogene Rantenalm

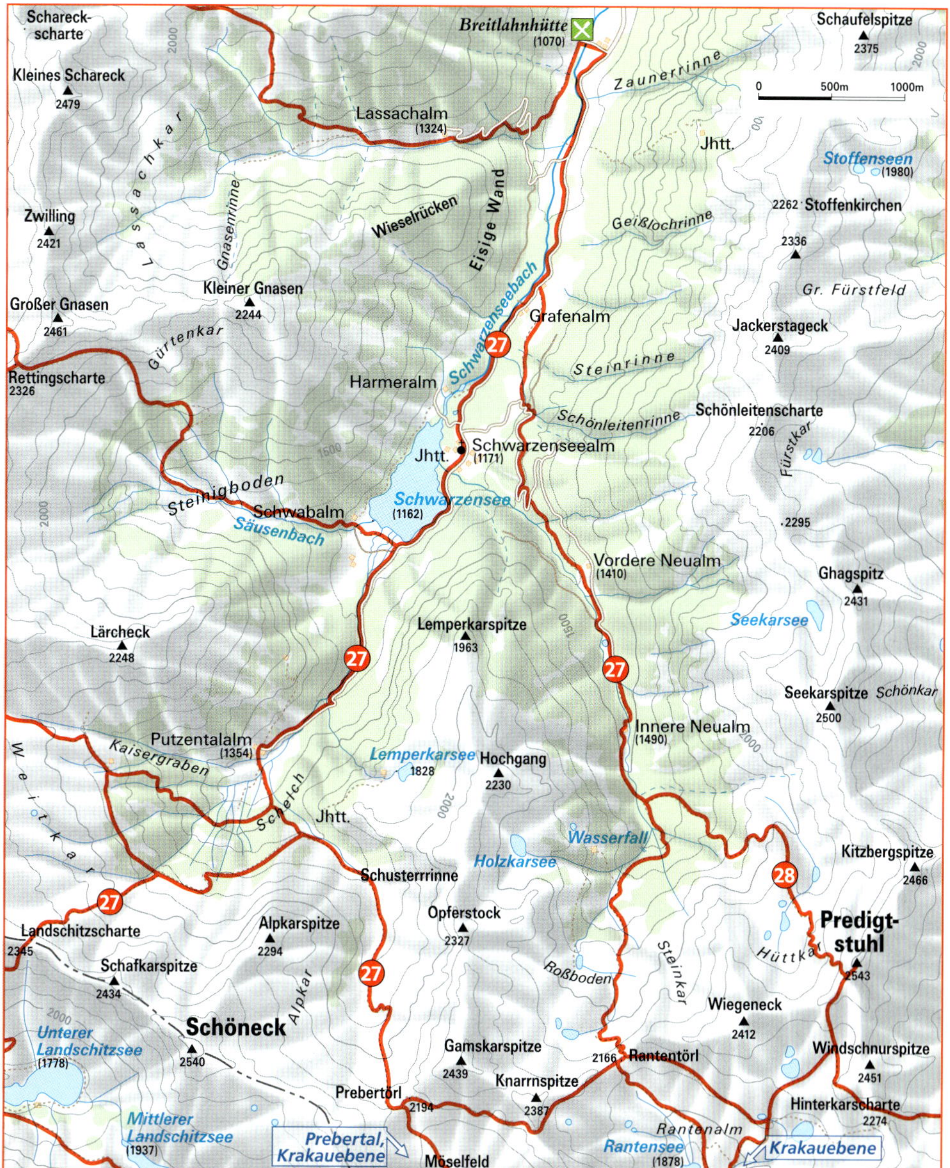

bestand, dann zu den freien Böden des Weitkares aufwärts (rechts kommt ein Verbindungsweg von der Kaiserscharte). Im Weitkar steil hinauf in die Scharte (3 Std.). Abwärts macht der Steig unter der Schafkarspitze einen weiten Bogen durch die Rasenflanke und trifft knapp oberhalb des Unteren Landschitzsees auf den Weg von der Laßhoferalm. Auf diesem zur Oberen Bacheralm hinunter und dann durch den Wald tlw. steil bis in den Boden des Lessachtales. Dort auswärts zur Laßhoferalm (1 ¾ Std.), Laßhoferhütte, bew. von Ende Juni bis Mitte September, Tel. 06484/324, Mautstraße, evtl. Tälerbus. Auskunft Tourismusbüro Lessach, Tel. 06484/813.

Blick zum Prebertörl mit Schöneck und Alpkarspitze

Prebertörl (2194 m)

Mit dem Weg zur Landschitzscharte aufwärts, bis dieser nach rechts wegzieht. Nach dieser Wegteilung wird der weitere Weg etwas gemütlicher, man betritt das Kar zwischen der Alpkarspitze und dem Opferstock. Durch den langen Karboden setzt man Fuß vor Fuß und erreicht auf Höhe der Gamskarspitze den letzten steileren Anstieg, der unmittelbar zum Prebertörl leitet. Schnaufen erlaubt, Herumsehen ebenfalls. Nach Süden dehnt sich das Trogtal des Möselfeldes, rechts dominiert der zerfurchte Preber-Gipfelaufbau und links streicht der Mitterbergkamm nach Süden. Nun geht man durch das Möselfeld abwärts und gelangt über die Möselhütte (Jausenstation) zur Moarhütte, wohin auch der Tälerbus fährt. Auskunft dafür Tel. 03535/83 34.

Rantentörl (2166 m)

Von der Breitlahnhütte folgt man dem Fahrweg bis zur Grafenalm. Dort weist eine Tafel nach links über die Weideflächen auf einen schwach ausgeprägten Weg. Man folgt diesem Wiesenweg zum Wald und in diesem zur Forststraße, die vom Schwarzensee herauf kommt. Kurz bleibt man auf der Straße, kürzt sie später ab und erreicht die Vordere Neualm.

Zur Inneren Neualm wechselt die Markierung auf die andere Bachseite (westlich), der Weg zieht durch lockeren Wald und Wiesenflecken aufwärts, bis eine neuerliche Tafel nach links zum Predigtstuhl weist! Unser Weg überwindet gerade weiter die erste Geländestufe zu Punkt 1716 m, unterwegs rinnen viele Wässerchen.

Mit der folgenden zweiten Geländestufe wird der Rossboden erreicht, man blickt bereits hinauf zum Rantentörl, dessen Zugang von hier aus erschreckend steil aussieht. Entlang des Baches, der die beiden Karseen über dem Rossboden entwässert, kommt man an das letzte Steilstück zum Törl heran und steht nach rund 3 ½ Stunden ab Breitlahnhütte auf dem Rantentörl.

Der Abstieg folgt am Rantensee vorbei dem Weg zur Rantenalm, dort gibt es den Tälerbus nach Krakauebene, Tälerbusauskunft, Tel. 03535/83 34. Oder man geht links auf den Predigtstuhl (siehe Seite 155) bzw. über die Hinterkarscharte und das Hubenbauertörl zum Etrachsee (siehe dazu Seite 156).

28 Breitlahnhütte 1070 m Predigtstuhl 2543 m

Alpine Bergtour für Trittsichere und Geübte

Die Besteigung des Predigtstuhles wird von Norden gerne als Rundtour gemacht: Über das Hüttkar mit seinen kleinen Seen sehr steil in die Scharte zwischen Vor- und Hauptgipfel (Trittsicherheit unbedingt erforderlich!) und aus der Scharte auf den Gipfel mit großartiger Aussicht. Zum Abstieg benützen viele den Weg über das Wiegenkar abwärts zum Hinterkar, wo man sich nach rechts und zum Rantentörl wendet. Von dort zurück zur Breitlahnhütte.

WEGBESCHREIBUNG

Man geht von der Breitlahnhütte zur Grafenalm und dort nach links zur Inneren Neualm (siehe vorige Tour). Nach dem Beginn des Hochwaldes kommt es zur Wegteilung, links zieht der Steig hinauf ins Hüttkar. Dieser Anstieg muss einem

TOUR AUF EINEN BLICK

Anreise, Karten
Siehe Tour 25.

Wegverlauf
Von der Breitlahnhütte zur Inneren Neualm, dort ins Hüttkar und zum Gipfel (4 Std.). Abstieg über das Rantentörl (3 ½ Std.).

Charakteristik
Ordentliche Bergtour auf markanten und aussichtsreichen Gipfel.

Einkehr/Hütten/Information
Siehe Tour 25.

Skizzen
Siehe Seite 93.

Aus der dunklen Scharte führt der letzte Anstieg versichert zum Predigtstuhl

Ruhiges Rasten auf der Inneren Neualm, dahinter der Anstieg ins Hüttkar und zum Predigtstuhl

Bergfreund einen gewaltigen Respekt eingeflößt haben, denn er hat auf die Hinweistafel geschrieben: Nur für sehr Geübte!
Jetzt nach links, der Wald bleibt bald zurück, dann windet sich der Steig rechts eines herunterschießenden Wassers durch die Erlenzone und die Grasflanke steil nach oben. Besonders die letzten 400 Höhenmeter vor dem Hüttkar werden sich einprägen. Im Hüttkar kommt man an den größeren See heran, um dann nach links über eine erste Geländestufe gegen die Felsen anzusteigen. Das Wegstück aus dem Hüttkar zur Scharte vor dem Gipfelaufbau des Predigtstuhls (von manchen als „Schlucht“ bezeichnet) ist ausgesetzt, sehr steil und schottrig rutschig. Es verlangt unbedingt Trittsicherheit (besonders beim Abstieg).
Aus der Scharte zieht der Steig mit Seilen versichert zum Gipfelkreuz. Jetzt fasziniert die spektakuläre Gipfelschau: Preber, Roteck, das lange Tal von der Kaiserscharte, der Hochgolling, das Waldhorn, die Hochwildstelle reihen sich aneinander und genau rechts vom Kasereck lugt am Horizont der Großglockner hervor.
Der Abstieg kann gleich wie der Anstieg sein. Doch viele gehen über das Rantentörl abwärts. Dazu muss man in die Scharte zurück und quert dort geradeaus auf den Kamm zu, der zum Wiegeneck leitet (ein früher vorhandenes Seil gibt es nicht mehr).
Vom Kamm dann auf schottrigem Steig hinunter in das Wiegenkar mit kleinem See. Man folgt der Markierung links um den See herum und über die folgende Geländestufe ins Hinterkar mit prächtigem Blick auf den dortigen See, auf das Alpleck und den Mitterbergkamm. Vom Hinterkar zieht der Pfad mit Nummer 702 nach rechts unter der Südflanke des Wiegenecks zum Rantentörl. Von dort erfolgt der Abstieg zur Neualm und zur Breitlahnhütte (siehe auch Tour 27).

29 Kleinsölk/Wegteilung Tuchmoaralm ca. 1100 m Hintere Striegleralm 1612 m Hubenbauertörl 2051 m

Ein langes, einsames Almtal mit Übergang über den Tauernhauptkamm

Wer die Einsamkeit liebt und einen langen Talboden langsam durchwandern will, der wird diesen Vorschlag schätzen. Bis zur Hinteren Striegleralm sind es vom Schranken bei der Wegteilung Tuchmoaralm nämlich an die 8,5 km. Das Ambiente der Wanderung ergeben der Bach, die Wiesen- und Weideflecken beiderseits der Almstraße, die Wälder, welche in die Bergflanken hochziehen und im Talschluss die aufragenden Gipfel.

Leider gibt es auf der ganzen Strecke keine „Labestation", da nur Jungvieh auf den Almböden grast. Also Jause und Getränke einpacken.

WEGBESCHREIBUNG

Von der Wegteilung zur Tuchmoaralm (zieht links aufwärts) führt die Almstraße geradeaus das lange

TOUR AUF EINEN BLICK

Anreise
Von Stein an der Enns mit Pkw oder Tälerbus ins Kleinsölk-Tal bis zum Parkplatz vor Wegteilung Striegleralm bzw. Tuchmoaralm.

Karten
freytag & berndt, Wanderkarte 1:50.000, WK 203 (Wölzer Tauern). – Österreichische Karte 1:50.000, Blatt 128 (Gröbming).

Die letzten Schritte zum Hubenbauertörl

Tal einwärts. Damit ist fast schon alles gesagt, denn bis zur Hinteren Striegleralm folgt man diesem Weg.

An der Potzalm und der Siglalm vorbei merkt man kaum, dass der Weg aufwärts führt. Unterwegs stört nichts die Idylle, nur Kuhglocken und das Rauschen des Baches unterbrechen die Stille. Erst nach den Kothütten steigt die Almstraße etwas an,

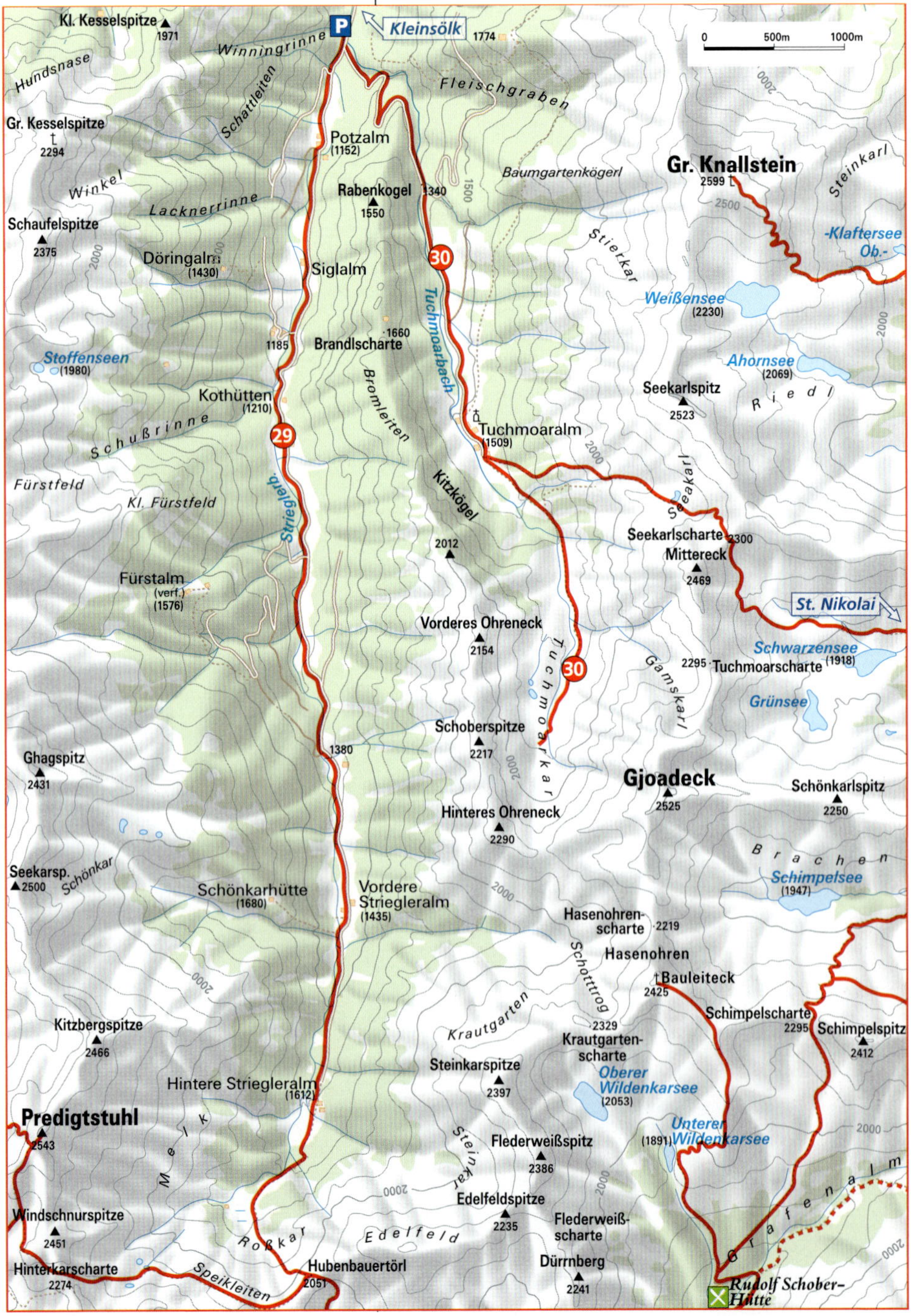

Vom Hubenbauertörl Rückblick auf den langen Graben der Striegleralmen

um knapp vor der Jagdhütte unter der Schoberspitze noch einmal 100 Höhenmeter zuzulegen. Dafür wird es gleich wieder flacher bis zur Vorderen Striegleralm.

Der Anstieg zur Hinteren Alm darf noch als freundlich eingestuft werden, danach aber geht es los. Der Steig zieht ordentlich steil ins Rosskar hinauf und von diesem auf das Hubenbauertörl. Obwohl nur ein Übergang, zahlt es sich aus, hier zu sein. Die Tiefblicke über den langen Aufstiegsweg begeistern ebenso wie die Sicht zum Predigtstuhl, zur Windschnurspitze, zum Kircheleck, zur Edelfeldspitze und hinunter auf die breite Hubenbaueralm. Wer unbedingt einen Gipfel machen will, der kann nach links frei über den breiten Kamm zur Edelfeldspitze ansteigen.

Der Rückweg ist an und für sich gleich. Bei Anreise mit dem Tälerbus könnte man auch über die Hubenbaueralm zum Etrachsee absteigen (siehe Seite 156) und mit dem Tälerbus über den Sölkpass zurückfahren. Tälerbusauskunft in Krakauhintermühlen, Tel. 03535/83 34.

TOUR AUF EINEN BLICK

Wegverlauf/Wegzeiten
Vom Parkplatz den Graben des Striegleralmbaches einwärts, dann steil zum Hubenbauertörl (3 ½ Std.).

Charakteristik
Einsame Talwanderung über satte Almen mit prächtigen Blicken zu hochragenden Gipfeln.

Einkehr/Hütten
Keine bewirtschafteten Almhütten.

Information
Tourismusverband Sölktäler,
Tel. 03685/231 80.

30 Kleinsölk/Wegteilung Tuchmoaralm ca.1100 m Tuchmoaralm 1509 m Tuchmoarkar ca. 1800 m

Zu einer der ursprünglichsten Almen im Land, auch als Familienausflug

TOUR AUF EINEN BLICK

Anreise, Karten, Information
Siehe Tour 29.

Wegverlauf/Wegzeiten
Vom Parkplatz auf der neuen breiten Almzufahrt hinauf auf die Tuchmoaralm (1 ¼ Std.). Ins Tuchmoarkar weitere 1 ¼ Std.

Charakteristik
Waldanstieg zur wunderschönen alten Alm.

Einkehr/Hütten
Urlhütte gleich am Beginn der Alm, Köckhütte im Zentrum des Almdorfes. Private Hütten mit Jausenstation.

Skizze
Siehe Seite 98.

Die einladende Köckhütte auf der Tuchmoaralm, da ist gut rasten

Die Tuchmoaralm gehört zu den Almen im Land, die man unbedingt einmal besuchen sollte. Der Anstieg ist nicht zu weit, die Alm strahlt viel Ursprüngliches aus. Hier wird noch intensiv Almwirtschaft betrieben. Die Kühe kommen gegen Abend von selbst zum Melken, für den Strom der Melkmaschine sorgt ein Aggregat. Aus der Milch wird mittels wasserbetriebenen Rührkesseln Butter gemacht, oder es wird der bröselige Steirerkas gekocht. Dass die Butter in kunstvoll geschnitzte hölzerne Modeln gedrückt wird und dann als „verzierter" Butterstritzel auf den Tisch kommt, gehört zur alten Almkultur. Krapfen aus Roggenmehl und „geisterfüllte" Stamperln beleben die Stimmung auf der Alm.

WEGBESCHREIBUNG

Sobald man den Parkplatz (unter der Winningrinne) knapp vor der Wegteilung Striegleralm/Tuchmoaralm verlässt und nach links weitergeht, ent-

deckt man, was sich hier im Jahre 2005 getan hat. Eine richtige „Forstautobahn“ ist entstanden, die ihre Schneisen ungewohnt breit in die Waldflanke geschlagen hat. Ein Jahr vorher waren wir noch auf der alten schmalen Forststraße unterwegs, die sich an den Hang schmiegte. Jetzt brennt dafür die Sonne hernieder. Erst im letzten Wegstück, das noch unberührt geblieben ist, wird es schattig, man erreicht durch den Wald die ersten Wiesen und das Hüttendorf der romantischen Tuchmoaralm. Vom Parkplatz geht man rund 1 ¼ Std.

Gleich die erste Hütte, die Urlhütte mit den vielen Wurzeln an der Holzwand, ladet zur Stärkung ein. Ein Stück höher bietet die Köckhütte alles das, was der Almgeher zur Stärkung braucht. Der Platz bei der Hütte ist überaus einladend, der Blick geht zum Mittereck und zum mächtigen Gjoadeck im Hintergrund.

Beide Gipfel kann man näher betrachten, wenn man ins Tuchmoarkar weitergeht. Dazu folgt man dem Fahrweg an den letzten Hütten vorbei zum Bach, der südseitig vom Tuchmoarkar herunterkommt. Vor dem Bach steigt man nach links schräg aufwärts zum unmarkierten Almweg, auf dem die Kühe ins Tuchmoarkar getrieben werden (der Beginn des Weges war 2005 nicht begehbar, weil viele Baumstöcke nach Windbruch den Weg versperrten).

Jetzt geht man immer links des Baches auf eindeutigem Weg höher, bis sich das weite und lange Kar unter dem Gjoadeck, den Ohrenecken und der Karscharte auftut. Blühende Almböden, frisches Wasser aus dem plätschernden Bach, ein Wasserfall vom Gjoadeck, das Bimmeln der Kuhglocken, sonst nur himmlische Ruhe: Was will man mehr! Hier findet jeder seinen bevorzugten Platz zum Träumen.

Übergang Seekarlscharte

Der Übergang führt nach St. Nikolai im Großen Sölktal. Ein prachtvoller Übergang, von dem aus das Mittereck von berggewohnten Gehern frei erstiegen werden kann.

Man geht nach der Köckhütte zu den weiteren Hütten einwärts und nach der letzten Hütte nach links auf die Almwiese, durch die ein Bächlein herunterfließt. Rechts dieses Baches höher und schon entdeckt man auf einem Felsblock die rote Markierung, die zum Wald hochführt. Im Wald zieht der Steig bald steil rund 400 Höhenmeter in Serpentinen höher.

Im breiten und runden Kessel des Seekarls kommt man am kleinen See vorbei (ca. 2150 m) und ersteigt schließlich wieder steiler die Scharte mit rund 2300 m Höhe.

Nach rechts kann man als Geübter das Mittereck frei besteigen (rund ½ Std.).

Der Abstieg zieht steinig durch das Kar unter dem Mittereck in die Melk hinunter, dann lang gezogen mit Blick auf den Grün- und den Schwarzensee bis zum beginnenden, wieder steileren Abstieg in Richtung Hohensee. Von diesem nach St. Nikolai (siehe Seite 178f). Von der Tuchmoaralm bis St. Nikolai mindestens 5 Std.

Der Url Peter mit einem seiner Schnitzwerke

31 Kleinsölk/Gh. Mössner 989 m
Karlspitze 2212 m

Einsame Alm und luftiger Gipfelkamm

TOUR AUF EINEN BLICK

Anreise
Von Stein an der Enns nach Kleinsölk bis zum Gh. Mössner.

Karten
Siehe Tour 29.

Wegverlauf/Wegzeiten
Vom Gh. Mössner auf die Bröckelalm (1 ¾ Std.), weiter über den langen Kamm zum Gipfel (1 ¼ Std.). Gesamtabstieg 1 ¾ Std.

Charakteristik
Aussichtstour mit 1200 m Höhenunterschied.

Einkehr/Hütten
Gh. Mössner in Kleinsölk.

Information
Siehe Tour 29.

Die Karlspitze ist der „Hausberg" von Kleinsölk. Fährt man vom Ortszentrum die Straße einwärts zum Kesslerkreuz (Wegteilung: rechts zur Breitlahnhütte und links zur Tuchmoaralm), dann zeigt sich hoch über dem Talboden die einsame Gipfelpyramide der Karlspitze. 1200 Höhenmeter wollen da hinauf bewältigt werden.

WEGBESCHREIBUNG

Bei Anfahrt mit Pkw kann man beim Gasthaus oder auch vorher bei der letzten Abzweigung (nach links) zum Mössner auf kleinem Platz parken. Bei diesem kleinen Platz gibt es auch die erste Markierung. Man geht auf der Straße ein Stück nach vor, dann rechts über den Bach des Bröckelgrabens, um sofort links eine Tafel mit dem Hinweis Karlspitze und Nr. 21 zu sehen.

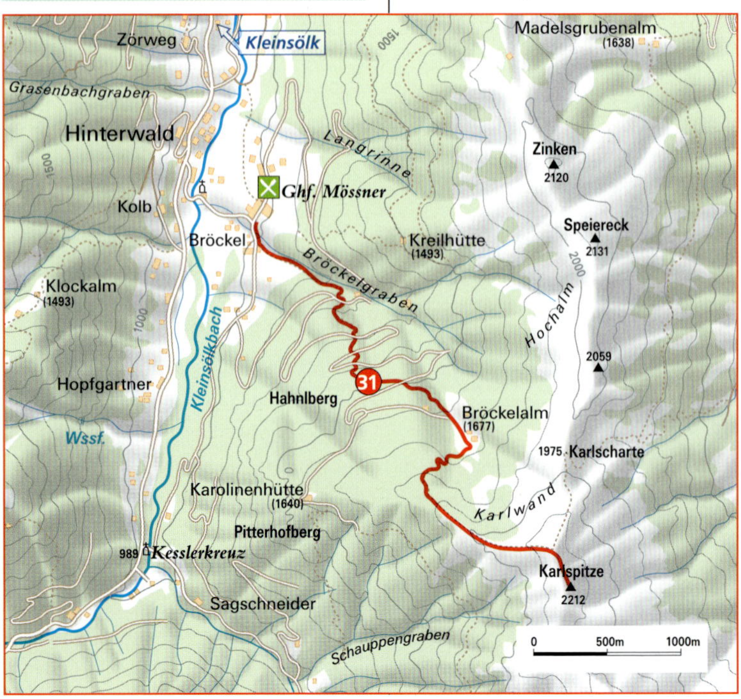

Direkt neben dem Bach, der den Graben herunterkommt, beginnt der Anstieg, der vorerst von Rindern stark zertreten ist. Im Wald erfrischt die Morgenkühle, man trifft auf eine erste Forststraße und folgt ihr ein Stück aufwärts bis zu einer nassen Stelle. Da zieht der Almpfad nach rechts in den dichten Wald. In vielen Serpentinen, perfekt angelegt (so sind früher die Sennen und Jäger gegangen!), schlängelt sich der Steig höher, überschreitet mehrere Male die Forststraße und erreicht nach knapp 2 Stunden die Bröckelalm. Freie Böden mit viel Schwarzbeeren laden zur Stärkung, der Blick zurück geht in den Talboden und ein kaltes Bründl erfrischt bei der Hütte. Rechts oberhalb erkennt man den langen grünen Grat zur Karlspitze.
Der weitere Weg schlägt einen Bogen nach rechts und überwindet im schütteren Lärchenwald mit vielen Serpentinen die nächsten Höhenmeter zum Kamm hinauf, der lang gezogen auf die Gipfelkuppe zugeht. Beim letzten Wegstück zum Gipfel heißt es noch etwas aufpassen, der Steig wird felsiger und schmal.
Obwohl ein „Rasenberg" und nicht zu hoch, bietet die Karlspitze eine beachtliche Aussicht: hinunter zur lieblichen Bröckelalm, ins Sölktal, ins Tal zur Breitlahnhütte; dahinter reihen sich die „Könige" der Schladminger mit Waldhorn und Hochwildstelle, vom Spateck zieht der lange Kamm zum Kochofen und das Ennstal wird vom Dachsteinstock, der Kammspitze usw. überragt. Mächtig zeigt sich südöstlich als Nachbar der Große Knallstein.
Für solche, die einen Zustieg selbst finden, bietet sich aus dem Großsölktal (von Fleiß) ein Zustieg zur Strickeralm an, von wo man unmarkiert ebenfalls zur Karlspitze gehen kann. Dies nur bei guter Sicht.

Auf der Bröckelalm am Weg zur Karlspitze

II. Touren vom Lungau ausgehend

32 Gnadenbrücke/Taurachtal 1272 m Tauernkaralm 1675 m Hinterer Geißstein 2190 m

Familientour oder etwas für „Pfadfinder"

TOUR AUF EINEN BLICK

Anreise
Mit Pkw bis zur Gnadenbrücke südlich von Untertauern. Mit Postbus von Radstadt oder Tamsweg bis Haltestelle Gnadenalm,
Auskunft: Tel. 06474/22 13.

Karten
freytag & berndt, Wanderkarte 1:50.000, WK 102 (Schladminger Tauern). – Österreichische Karte 1:50.000, Blatt 126 (Radstadt).

Wegverlauf/Wegzeiten
Von der Gnadenbrücke auf Forstraße zur Tauernkaralm (1 ½ Std.). Über die Lürzeralm auf den Hinteren Geißstein (3 Std.).

Charakteristik
Wanderung durch Wald zu Bergsee und Alm. Auf den Geißstein nur für Geübte, die sich ohne Weg zurechtfinden.

Einkehr/Hütten
Hütte auf der Tauernkaralm, bewirtschaftet von Juni bis Ende September.

Information
Tourismusverband Obertauern,
Tel. 06456/72 52.

Der Name Gnadenbrücke geht auf Erzbischof Leonhard von Keutschach zurück, der im 16. Jahrhundert die von den Römern errichtete und verfallene Straße (es gab im Mittelalter nur einen Saumpfad) über die Tauern wiederum zu einem Fahrweg ausbaute. Als besondere „Gnade" verlieh der Erzbischof einigen Bauern aus dem Taurachtal hier Weideplätze für das Vieh (gibt auch die Namen Gnadenfall und Gnadenalm).
Der Weg zum wunderschönen Tauernkarsee und zur gleichnamigen Alm direkt unter der Seekarspitze ist ein Familienausflug, den man über die Sauschneidalm und Breitlehenalm zu einer Runde ausdehnen kann. Zur Tauernkaralm kann man auch hinauffahren, unterwegs keine Parkmöglichkeit!

WEGBESCHREIBUNG

Gleich nach der Brücke (nördlich) geht man auf der Forststraße gleichmäßig ansteigend durch den Wald aufwärts. Das ändert sich nicht bis kurz nach

Bild auf Seiten 104/105:
Prächtiger Blick von der Karneralm zum Hundstein und zu den Mitterspitzen

Am verträumten Tauernkarsee mit der Seekarspitze

den Hütten der Hauskoppenalm, denn da zieht die Almzufahrt scharf nach rechts und zweimal über steileres Gelände hinauf zu den stillen Wassern des verträumten Tauernkarsees. Das ist ein herrlicher Platz, wenn nicht zu viele Autos unterwegs sind. Auf der Forststraße erreicht man dann die Tauernkaralm mit Kühen, Ponys und Ziegen.
Für Almköstlichkeiten und Getränke ist gesorgt.

Zum Hinteren Geißstein

Wer zum Hinteren Geißstein will, der braucht Pfadfinderqualitäten, denn ab der Lürzeralm gibt es keine Markierung mehr. Außerdem verliert sich der Pfad im anschließenden Waldstück. Ist nur etwas für solche, die sich auch im unwegsamen Gelände zurecht finden.
Zur Lürzeralm folgt man einfach der Forststraße (nicht nach rechts zur Tauernkaralm! von unten 1 ½ Std.).
Zwischen den beiden Hütten geht man leicht links haltend zum Wald und findet an einer Lärche alte Farbmarken. Da setzt ein Weglein an, das aber immer schlechter, nasser und verwachsener wird. Schließlich heißt die Parole: im Wald frei über Stufen aufwärts in den schon erkennbaren Sattel rechts unter dem Schlussanstieg. Dort nach links über den Rücken zum Gipfel (1 ½ Std. ab Lürzeralm). Prächtige Sicht zu den Radstädter und Schladminger Tauern.

33 Obertauern 1740 m Dickt'n Alm ca. 1800 m Grünwaldsee 1938 m Seekarspitze 2350 m

Leichte Wanderung für alle zur Dickt'n Alm, Gipfeltour für Berggewohnte

TOUR AUF EINEN BLICK

Anreise
Nach Obertauern mit Pkw oder Bus, Busauskunft Tel. 06474/22 13.

Karten
Siehe Tour 32

Wegverlauf/Wegzeiten
Zufahrtstraße zur Dikt'n Alm (½ Std.), dann zum Grünwaldsee und von Westen auf die Seekarspitze (2 ½ Std.). Abstieg nach Osten zur Dikt'n Alm und zum Auto (1 ¾ Std.).

Charakteristik
Zur Dikt'n Alm gemütliche Almwanderung, dann Bergtour.

Obertauern ist vor allem den Schifahrern bekannt. Doch auch im Sommer laden interessante Ziele zum Wandern ein (trotz der vielen Liftanlagen und Abfahrtsschneisen). Da ist einmal das Naturschutzgebiet Hundsfeld zu nennen, ein Hochmoor mit 45 gefährdeten und geschützten Pflanzen, vielen Schmetterlingen und 40 Brutvogelarten. Als besondere Rarität brütet hier das Rotsternige Blaukehlchen, ein der Nachtigall verwandter Singvogel, der sonst nur in Skandinavien brütet.
Mit dem Krummschnabelsee und dem Grünwaldsee laden zwei herrliche Bergseen ein und mit der Seekarspitze ersteigt man einen kantigen Berg.

WEGBESCHREIBUNG

Vom Ortskern fährt man noch am Sportzentrum Obertauern vorüber, dann heißt es, das Auto abstellen (kleiner Parkplatz). Mäßig steigend zieht die Straße zum Seekarhaus hinauf. Nach rund

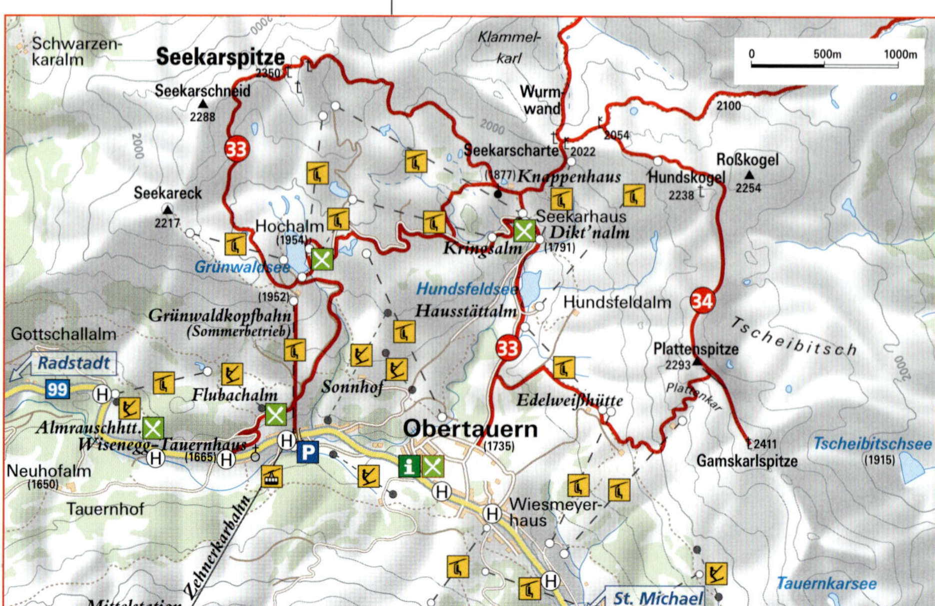

Auf dem Gipfel der Seekarspitze

20 min. ruht rechts der kleine Hundsfeldsee in der Senke unter dem Hundskogel. Am See vorüber erreicht man das Seekarhaus, im Sommer geschlossen. Darum nach links ein Stück höher zur Dikt'n Alm mit Aussichtsterrasse. Für den Familienausflug ein begehrtes Ziel.
Zum Grünwaldsee zieht der Fahrweg rund 200 Höhenmeter über die Almböden aufwärts. Er kürzt oberhalb des Krummschnabelsees die Almstraße über Wiesenboden ab und führt hinunter zum Grünwaldsee. Jetzt kann man auf dem Weg Nr. 3 (links) nach Obertauern absteigen (gesamte Runde 2 ½ Std.).
Zur Seekarspitze geht man südlich um den See herum und wählt dann den Steig, der den breiten Hang zwischen Seekareck und Seekarschneid querend höher zieht (Weg 3). Im Jahr 2004 waren da einige Stellen abgerutscht und etwas heikel. Dann ist der Sattel im Norden erreicht, ein umfassender Rückblick über Obertauern und seine Berge zeigt alle Wunden, die der Wintertourismus geschlagen hat. Aus dem Sattel folgt man dem Steig unterhalb der Gratschneide zum Gipfelkreuz (unterwegs zweimal etwas ausgesetzt und über einen größeren Block), Trittsicherheit gefragt (ab Dikt'n Alm 2 ½ Std.).

Auf dem Gipfel thront man über Obertauern, entsprechend ist die Aussicht: nördlich zum Hochkönig, dem Tennengebirge, zu den Ennstaler Bergen, den Schladminger Tauern und bis zum Toten Gebirge, südwestlich in die Radstädter Tauern.
Der Abstieg folgt dem erst steilen, aber guten Steig östlich hinunter zur Dikt'n Alm. Von dort zum Auto.

TOUR AUF EINEN BLICK

Einkehr/Hütten
Almhütte auf der Dikt'n Alm, bewirtschaftet von Juni bis Ende September, Zimmer und Lager. Tel. 06456/75 80 (im Tal Tel. 06452/54 57).

Information
Tourismusverband Obertauern, Tel. 06456/72 52.

34 Obertauern 1740 m Gamskarlspitze 2411 m Seekarscharte 2022 m

Steil zur Höhe, was stört, ist die „Technik"

TOUR AUF EINEN BLICK

Anreise
Siehe Tour 32

Karten
Siehe Tour 32

Wegverlauf/Wegzeiten
Von Obertauern Richtung Seekarhaus, vorher rechts zur Enzianalm und steil zum Gipfel (2 ½ Std.). Zur Seekarscharte und über den Hundsfeldsee gemütlich nach Obertauern (2 ½ Std.)

Charakteristik
Steil hinauf, dann Höhenwanderung. Trittsicherheit notwendig.

Einkehr/Hütten
Siehe Tour 33.

Information
Siehe Tour 33.

Skizze
Siehe Seite 108.

Die Gamskarlspitze ist der dominierende Gipfel im Osten von Obertauern. Sie bietet herrliche Ausblicke nicht nur auf den Ort und das gesamte Wintersportzentrum, sondern auch zu den nahen Gipfeln der Schladminger Tauern, zum Oberhüttensee, den Kalkspitzen, nach Süden auf den langen Kamm zum Großen Gurpitscheck usw. Sie ist ein einsamer Berg – trotz der Liftanlagen und des TV-Masten auf der nahen Plattenspitze.

Es gibt einen steileren Weg zum Gipfel durch das Plattenkar (auch Gamskarl) und einen gemütlicheren über die Seekarscharte mit Höhenwanderung über die Plattenspitze. Ich schlage den steileren Anstieg und dann die Höhenwanderung vor.

Blick auf Obertauern mit Seekarspitze

WEGBESCHREIBUNG

Von Obertauern fährt man am Sportzentrum vorbei in Richtung Seekarhaus bis zum Fahrverbot (Parkplatz). Nun folgt man der Asphaltstraße zum Seekarhaus etwa 15 min., dann weisen Schilder (Plattenspitze 1 ½ Std., Gamskarlspitze ¾ Std. zusätzlich) nach rechts durch das Naturschutzgebiet zur Edelweißalm (Weg 7). Am folgenden Schilift geht man unterhalb durch und trifft ein Stück weiter auf den Weg vom Wismeyerhaus (Weg 6).
Jetzt wird es steil, der Steig zieht nach links aufwärts zur Bergstation des Sesselliftes Plattenkar und an der linken Seite des Kares steil weiter in die Scharte südlich von der Plattenspitze. Dort wendet sich der markierte Weg nach rechts und erreicht über den steinigen Rücken und den anschließend verblockten Grat (einmal heißt es mit den Händen zupacken!) den Gipfel. Trittsicherheit und Schwindelfreiheit erforderlich. Das prächtige Gipfelerlebnis wird nur durch die Wunden geschmälert, die der Wintertourismus der Natur zugefügt hat.

Wollgräser auf der Ernstalm, dahinter die Gamskarlspitze

Der Abstieg könnte gleich sein, doch zahlt sich die Höhenwanderung zur Seekarscharte aus (wiederum Weg 6). Über die Plattenspitze und den anschließenden Rasenkamm steigt man in einen Sattel hinab, umgeht den Hundskogel rechts (sowohl Hundskogel wie Rosskogel können von Gipfelsammlern mitgenommen werden), gelangt abwärts zur Seekarscharte und von ihr auf Weg 702 in weiten Serpentinen zum Seekarhaus (im Sommer geschlossen). Doch knapp oberhalb ist auf der Dikt'n Alm Gastbetrieb. Am Hundsfeldsee vorüber schließt sich die Runde beim Parkplatz in Obertauern.

35 Obertauern/Jugendheim Schaidberg 1703 m Twenger Almsee 2120 m Großes Gurpitscheck 2526 m

Über blühende Almwiesen hinauf in die alpine Region

TOUR AUF EINEN BLICK

Anreise
Mit Pkw zum Jugendheim Schaidberg; mit Bus möglich, Auskunft: Tel. 06474/22 13.

Karten
Siehe Tour 32.

Wegverlauf/Wegzeiten
Vom Schaidberg zur Ernstalm und zum Twenger Almsee (1 ¾ Std.). Weiter zum Gipfel (1 ¼ Std.). Abstieg 2 ½ Std.

Charakteristik
Erst Almwanderung, dann auf alpinem Weg zum Gipfel.

Einkehr/Hütten
Gasthäuser in Obertauern.

Information
Tourismusverband Obertauern, Tel. 06456/72 52.

Am schönsten ist der Weg auf das Gurpitscheck, wenn die Almwiesen in Blüte stehen (Ende Juni). Man kann den aussichtsreichen Gipfel von allen Seiten besteigen. Doch alle Wege (von Tweng, vom Fanningberg, von Weißpriach oder von Obertauern) sind lang. Der sympathischste Weg beginnt in Obertauern und zwar beim Jugendheim Schaidberg. Denn beim Weg vom Wismeyerhaus (OeAV) marschiert man längere Zeit entlang eines Zaunes auf nassem, von Rindern vertretenem und mit Kuhfladen gepflas-

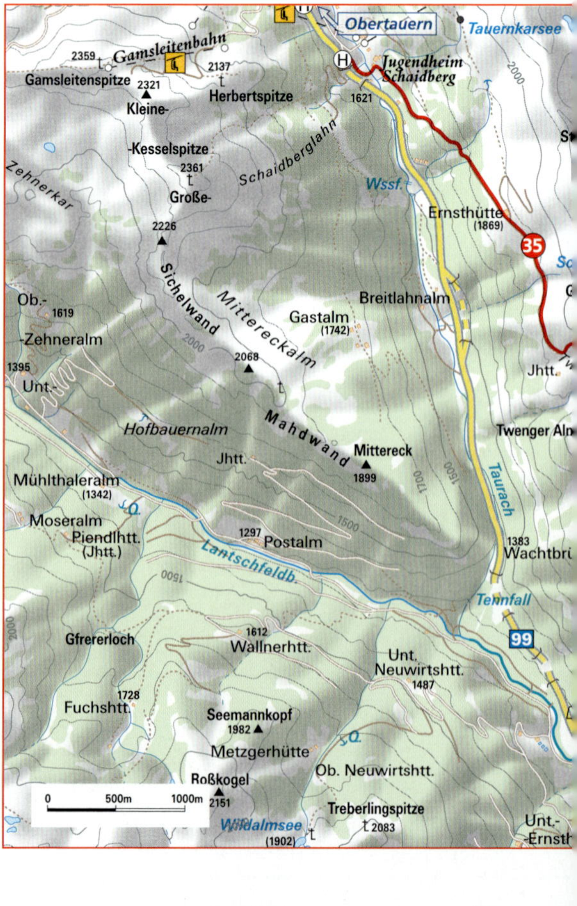

Für manche ist auch der Twenger Almsee schon einen Ausgang wert

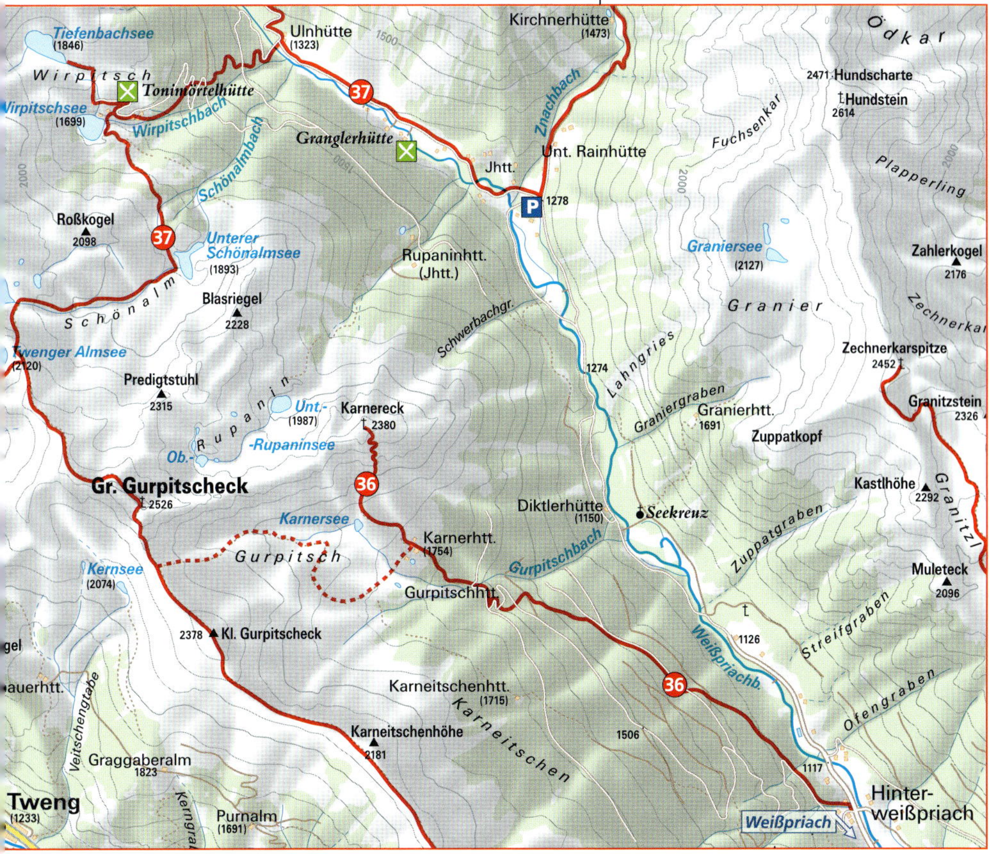
Tiefenbachsee
(1846)
Wirpitsch
Tonimörtelhütte
Wirpitschsee
(1699)
Wirpitschbach
Ulnhütte
(1323)
Kirchnerhütte
(1473)
Znachbach
37
Granglerhütte
Jhtt.
Unt. Rainhütte
1278
Schönalmbach
Roßkogel
2098
37
Unterer
Schönalmsee
(1893)
Rupaninhtt.
(Jhtt.)
Schönalm
Blasriegel
2228
Twenger Almsee
(2120)
Predigtstuhl
2315
Schwerbachgr.
Rupanin
Unt.-
(1987)
Ob.-
-Rupaninsee
Karnereck
2380
36
Gr. Gurpitscheck
2526
Karnersee
Karnerhtt.
(1754)
Gurpitsch
Kernsee
(2074)
Gurpitschhtt.
Diktlerhütte
(1150)
Gurpitschbach
2378
Kl. Gurpitscheck
Karneitschenhtt.
(1715)
Karneitschen
Karneitschenhöhe
2181
1506
36
Veitschengraben
Graggaberalm
1823
Tweng
(1233)
Purnalm
(1691)
Ödkar
2471
Hundscharte
Hundstein
2614
Fuchsenkar
Plapperling
Graniersee
(2127)
Zahlerkogel
2176
Granier
Zechnerkar
Zechnerkarspitze
2452
Granitzstein
2326
1274
Lahngries
Graniergraben
Granierhtt.
1691
Zuppatkopf
Kastlhöhe
2292
Granitzl
Seekreuz
Zuppatgraben
Muleteck
2096
1126
Streifgraben
Weißpriachb.
Ofengraben
1117
Hinter-
weißpriach
Weißpriach

Auf dem Weg zum Gurpitscheck, je höher umso steiniger

tertem Weg, kein Vergnügen. Außerdem fehlte bei unserer Begehung eine wesentliche Markierung zur Ernstalm. Darum ab Jugendheim Schaidberg, das südlich am Ortsende liegt (vor der letzten Straßengalerie).

WEGBESCHREIBUNG

Man geht beim Jugendheim über das Bacherl und auf der Almzufahrt nach rechts aufwärts. Vorerst keine Markierung, die taucht erst auf, wenn links der Weg vom Wismeyerhaus einmündet. Die Almzufahrt ist manchmal steil, dann wieder gemäßigter, führt an kleinem Wasserfall vorüber und erreicht über der Waldgrenze lang gezogen die Ernstalm mit prachtvollen Ausblicken zu Schareck, Großeck, Speiereck, usw.

Nun zieht der breite Almweg flacher hinüber zur Twenger Alm, wo er sich als Pfad nach links aufwärts dem Gurpitscheck zuwendet. Almrausch, Heidekraut, Glockenblumen, Wollgräser und Eisenhut umsäumen ihn je nach Jahreszeit zur nächsten Geländestufe, von der er in kurzen Kehren steil zum Twenger Almsee führt. Ein wunderschöner Platz, für manche schon das Ziel der Wanderung!

Zum Großen Gurpitscheck geht es um den See südseitig herum, dann steil aufwärts zum Übergang ins Weißpriachtal. Da nach rechts und über den steinigen Rücken höher, es wechseln Geröll, Rasenkamm und Steinblöcke. Ein felsiger Grataufschwung wird linksseitig gequert, und beim Schlussanstieg hilft eine Versicherung über einen Felsblock. Damit steht dem Genießen der Tauernwelt nichts mehr im Wege.

36 Hinterweißpriach 1114 m Karneralm 1754 m Karnereck 2380 m

Durch Wald auf die einladende Alm, dann sehr steil zum markanten Gipfel

Fährt man von Weißpriach der Lonka folgend taleinwärts, dann fällt links des Grabens eine mächtige Spitze auf, die das Tal um 1260 Höhenmeter überragt: das Karnereck. Damit weiß auch jeder, was ihn erwartet, wenn er diesen Berg besteigen will. Doch keine Angst, man wandert zuerst auf Forststraßen relativ gemütlich durch den Wald höher und erlebt auf der Karneralm eine wunderbare Almlandschaft mit vielen Rindern, mit Wald, einem weiten Kessel und einem lieblichen See. Was zur Glückseligkeit fehlt, ist nur die bewirtschaftete Almhütte. Also Jause und Getränke mitnehmen!

Im Herbst auf der Karneralm

TOUR AUF EINEN BLICK

Anreise
Mit Pkw nach Hinterweißpriach, auch Tälerbus, Auskunft 06473/70 71, und Postbus, Auskunft: Tel. 06474/22 13.

Karten
freytag & berndt, Wanderkarte 1:50.000, WK 201 (Schladminger Tauern) – Österreichische Karte 1:50.000, Blatt 157 (Tamsweg).

Wegverlauf/Wegzeiten
Von Hinterweißpriach zu Karneralm und Karnersee (2 Std.) und zum Karnereck (1 ½ Std.). Abstieg 2 ½ Std.

Charakteristik
Auf die Alm und zum See für alle, auf den Gipfel für die Trittsicheren.

Einkehr/Hütten
Keine Hüttenbewirtung am Berg.

Information
Tourismusverband Weißpriach, Tel. 06473/70 71.

Skizze
Siehe Seite 113.

WEGBESCHREIBUNG

Gleich bei der Bushaltestelle in Hinterweißpriach weist eine Tafel nach links zum Gurpitscheck über die Karnerhütte. Das ist der Weg. Zwischen Bach und einem Bildstock beginnt der Anstieg (Weg 761) durch hohe Gräser und Stauden entlang eines Zaunes. Ein Stück höher schwenkt der Weg nach rechts in eine Forststraße ein und benützt sie bis zur ersten Linkskehre. Da geht man gerade weiter, jetzt auf einem alten Ziehweg, der bald steiler wird. Dabei kann es nicht schaden, beiderseits den Wald zu beachten, wir haben respektable Pilze neben dem Weg gefunden.

Später benützt die Markierung wieder eine Forststraße, bis diese sich teilt. Man wählt den mittleren Weg (alter Ziehweg, Markierung etwas verdeckt), bald geht es ordentlich steil aufwärts. Auch hier wieder Pilze.

Sobald der Weg auf eine kleine Jagdhütte trifft (in den Karten Gurpitschhütte), folgt man wieder einmal der Forststraße nach links, um schließlich nach rechts den alten Almweg durch den immer lichter werdenden Wald zur Karneralm zu benützen. Damit ist eine wunderschöne Alm erreicht. Der weite Kessel mit weichen Böden, mehreren Aufschwüngen und ausreichend Wasser wird von der Karneitschenhöhe, dem Gurpitscheck und dem Karnereck umschlossen. Nach Osten zeigt sich der dunkle Kamm von der Zechner-

karspitze über den Hundstein bis zu den Mitterspitzen. Eine Alm zum Rasten, Schauen und Wohlfühlen.

Zum Karnereck folgt man den Wegspuren an der privaten Almhütte vorbei aufwärts Richtung Karnersee. Noch vor diesem dreht der jetzt gut markierte Steig nach rechts, zieht unter Felsabbrüchen zum Beginn einer breiten, grasigen und von Schrofen erfüllten Rinne und durch sie im Zickzack steil hoch bis vor die abschließenden Felsen. Der Steig weicht nach rechts aus und führt zwischen Felsen zum Ostgrat des Karnerecks. Dort Wendung nach links und über den felsigen Grat zum Gipfelkreuz. Als wir unterwegs waren, pfiffen die Murmeltiere in der Bergflanke, weil

zwei mächtige Adler über dem Aufstiegsweg ihre Kreise zogen. Kein überlaufener, aber ein großartiger Berg.

Anstieg zum Gurpitscheck

Von der Karneralm folgt man der Markierung nach links auf die Karneitschenhöhe zu, überschreitet den Bach (Abfluss vom Karnersee) und wendet sich höher oben unter dem Kleinen Gurpitscheck nach rechts, hoch über dem See. Über die weiten Rasenflächen steigt man hinauf in die Senke zwischen Kleinem und Großem Gurpitscheck. Aus der Senke zieht der Steig nach rechts über den felsigen Grat höher, wechselt später in die westliche Bergflanke und umgeht den Gipfelaufbau west-nordseitig, um gemeinsam mit dem Weg vom Twenger Almsee den Gipfel zu erreichen. Nur für schwindelfreie und trittsichere Geher (ab Karneralm 2 Std.).

Über das Kleine Gurpitscheck und die Karneitschenhöhe könnte man auch über die Höhen zum Fanningberg gehen.

Durch die Rinne – auf dem Bild oberhalb der Personen – zieht der Steig zum Karnereck

37 Abzweigung Znachtal 1278 m Ulnhütte 1323 m Wirpitschsee 1699 m Schönalmsee 2115 m

Von einem Tauernsee zum anderen

TOUR AUF EINEN BLICK

Anreise
Mit Pkw oder Tälerbus zur Wegteilung Znachtal, Tälerbusauskunft, Tel. 06473/70 71.

Karten
Siehe Tour 36.

Wegverlauf/Wegzeiten
Vom Parkplatz zur Ulnhütte (½ Std.), durch Wald zum Wirpitschsee (1 Std.). Über den Unteren zum Oberen Schönalmsee (1 ½ Std.), insgesamt 3 Std.

Charakteristik
Steiler zum ersten See, dann von einer Alm mit See zur nächsten.

Einkehr/Hütten
Granglerhütte im hinteren Weißpriachtal, bew. von Juni bis Ende Oktober, Tel. 06473/73 10. – Tönimörtlhütte, Almhütte beim Wirpitschsee, bew. Mitte Juni bis Mitte September, Tel. 06473/85 83.

Information
Siehe Tour 36.

Skizze
Siehe Seite 113.

Wie viele Seen dürfen es sein?, kann man bei diesem Vorschlag fragen. Denn es bieten sich gleich vier Seen an: der Untere Wirpitschsee, der Tiefenbachsee und dazu die beiden Schönalmseen. Je nach Lust und Laune kann die Wanderung ausgedehnt werden. Der schönste See ruht für mich auf über 2100 m Höhe, der Obere Schönalmsee.

WEGBESCHREIBUNG

Man fährt mit dem Auto zum Parkplatz bei der Abzweigung Znachtal (rechts über den Bach zum Parkplatz). Der Tälerbus fährt sogar noch weiter zur Granglerhütte.

Im hinteren Weißpriachtal

Oberer Schönalmsee: nur von „Feinspitzen“ besucht

Von der Wegteilung wandert man sehr gemütlich das hinterste Weißpriachtal einwärts und kommt schon bald an der Granglerhütte vorbei. Zur Ulnhütte folgt man der schottrigen Almstraße weiter, links und rechts dehnen sich die Wiesen mit weidenden Rindern.
Ab der Ulnhütte wird es anstrengender. Hinter der Hütte weist eine Tafel nach links zum Wirpitschsee und zum Gurpitscheck. Man kommt am tosenden Wasserfall vorüber, geht über den Bach und steigt in der Folge durch den meist dichten Wald auf dem alten Almweg steil höher (die weit ausholende Almstraße wird abgekürzt). Bei der Tonimörtlhütte in der Nähe des Wirpitschsees kann man sich dafür ordentlich stärken.
Wer zum Oberen Schönalmsee will, der wird wahrscheinlich bald weitergehen und den Besuch des Tiefenbachsees (½ Std.) vorerst verschieben. An der Oberen Bernerhütte vorbei gelangt man rund 200 Höhenmeter ansteigend zum Unteren Schönalmsee und am Abfluss des oberen Sees entlang noch einmal rund 200 Höhenmeter gerade hinauf zum Tagesziel, dem Oberen Schönalmsee.

Ein wunderbarer Almsee, der inmitten grüner Matten unter der Tauernhöhe und der Gollitschspitze ruht.
Wer das Gurpitscheck besteigen will, der müsste in die Scharte über dem Twenger Almsee hinauf und dort nach links auf den Gipfel gehen (ab See ca. 1 ¼ Std.). Siehe dazu Seite 114.

38 Wegteilung Znachtal 1278 m Oberhüttensattel 1866 m Ahkarscharte 2315 m Znachsattel 2059 m Znachtal

Auch ohne Gipfel eine große Runde

TOUR AUF EINEN BLICK

Anreise
Siehe Tour 36.

Karten
freytag & berndt, Wanderkarte 1:50.000, WK 201 (Schladminger Tauern). – Österreichische Karte 1:50.000, Blätter 127 (Schladming), 157 (Tamsweg).

Wegverlauf/Wegzeiten
Vom Parkplatz Znachtal über die Ulnhütte ins Lantschfeldtal und zum Oberhüttensattel (mit See und Hütte; 2 ½ Std.). Dann zur Ahkarscharte (1 ¼ Std.) und über den Znachsattel und das Znachtal zurück (2 ½ Std.).

Charakteristik
Interessante Hochtalwanderung mit der Möglichkeit, die zwei Kalkspitzen zu besteigen.

Einkehr/Hütten
Granglerhütte vor der Ulnhütte. – Oberhütte am See, bewirtschaftet Mitte Juni bis Ende September (je nach Wetter, Tel. 0664/916 97 28).

Information
Siehe Tour 36.

Mit dem Weg aus dem hintersten Weißpriachtal zum Oberhüttensattel geht man auf uraltem, historischem Weg, denn lange Zeit führte der Handelsweg nicht über den Radstädter Tauernpass, sondern hier über den Oberhüttensattel nach Norden. Will man die beiden Kalkspitzen von der Ahkarscharte aus „mitnehmen", dann bietet sich eine Übernachtung in der Oberhütte am See an. Beim Abstieg vom Znachsattel trifft man oberhalb der Greinmeisteralm auf den Knappensteig, der ostwärts zur Zinkwand ansteigt. Die Almhütte diente noch um 1920 als Unterkunft für die Bergknappen. Während der Zeit des Erzabbaues mussten Träger bis zu 30 kg Material täglich zur Zinkwand tragen. Lohn waren S 10,– pro Tag (Wert für 2 Hemden und 1 Hosenträger). Leider wurde der Abbau schon bald unrentabel.

Auf den letzten Almen vor dem Anstieg zum Lantschfeld

WEGBESCHREIBUNG

Vom Parkplatz geht man zur Ulnhütte (siehe vorige Tour), dort nach rechts in den Wald und in Serpentinen hinauf ins untere Lantschfeld. Unter der Weißen Wand zieht die Almzufahrt gemütlich zwischen blühenden Almböden, einzelnen Lärchen und Almhütten taleinwärts höher.

Knapp vor der letzten Hütte schwenkt der Weg zum Oberhüttensattel nach rechts, man steigt über einen „pompösen" Überstieg und überwindet eine Geländestufe („Wurmbichl" genannt wegen der vielen Schlangen) hinauf ins breite Lantschfeld mit den weichen Wiesenböden, den Latschen und dem Bach, der in vielen Mäandern herunterfließt.

Am Oberhüttensattel kreuzen sich mehrere Wege

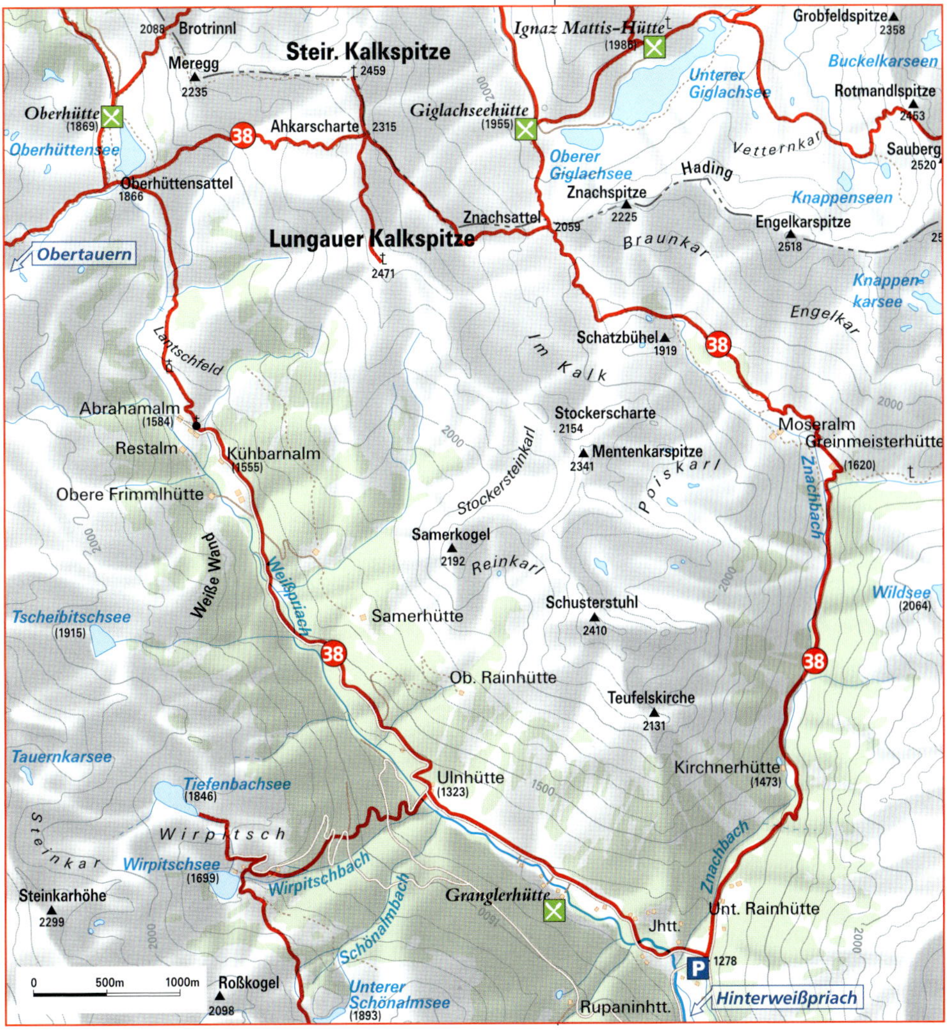

Der Schlussanstieg von der Ahkarscharte zur Steirischen Kalkspitze

Mit etwas Fantasie kann man hier am Wegverlauf noch Befestigungen ausmachen, wie sie seinerzeit die Römer angelegt hatten.
In weitem Bogen nach rechts erreicht man den Oberhüttensattel: Herrliche Sicht auf die Lungauer Kalkspitze und zurück ins Weißpriachtal, zum Karnereck und Großen Gurpitscheck.
Dann kurz zum See hinab und zur Oberhütte am See.
Zu See und Sattel muss man zurück, wenn man zur Ahkarscharte weiter geht. Da hinauf heißt es die nächsten 300 Höhenmeter ziemlich direkt bezwingen. Bei der Scharte muss eine Entscheidung fallen: nach links zur Steirischen oder nach rechts zur Lungauer Kalkspitze. Bei Übernachtung in der Oberhütte werden wohl beide erstiegen werden (siehe Seite 36).
Dann geht es nur mehr abwärts bis zum Ausgangspunkt. Zuerst mit herrlichen Ausblicken zur Znachspitze und zur mächtigen Engelkarspitze über dem Giglachsee.
Beim Znachsattel wendet man sich nach rechts und folgt dem Weg über Almböden bis zum Schatzbühel. Dann wird der Weg steinig und zieht durch Latschenfelder abwärts zur Moseralm (immer wieder frisches Wasser!).
Auf sehr steiniger ehemaliger Zufahrt gelangt man (vorbei an der Wegabzweigung zur Zinkwand) zur Greinmeisteralm und zur Znachalm (privat).
Relativ flach geht es jetzt zur Kirchnerhütte und schließlich auf der Forststraße wieder steil und steinig hinunter in den Talboden. An einer Wildfütterung vorbei schließt sich beim Parkplatz diese große Runde.

39 Kraischaberg ca. 1360 m Zechnerkarspitze 2452 m

Viel Wald, hoch gelegene Alm und felsiger Gipfel

Als wir vor vielen Jahren zum ersten Mal zur Zechnerkarspitze unterwegs waren, durften wir im Granitzlwald noch ein gutes Stück Forststraße hinauffahren. Das geht jetzt nicht mehr, vor dem Schranken ist Endstation. Man kann bis zur Granitzlhütte (private Hütte) entweder der neuen Straße folgen oder man wählt wie schon immer den Anstieg entlang der alten Markierungen (Weg 763).
Zum schönsten Teil der Tour gehört das Hochtal des Granitzls, durch das man über mehrere Geländestufen ansteigt, den Gipfel ständig vor sich.

WEGBESCHREIBUNG

Zum Eingehen eignet sich die Forststraße optimal, denn sie führt durch den Wald gleichmäßig aufwärts. Bald kommt von links der Weg von Tscharra herauf, dann säumen viele Lupinien die Straße

TOUR AUF EINEN BLICK

Anreise
Von Mariapfarr zum Kraischaberg, beim Anwesen Platsch Schranken und Parkmöglichkeit.

Karten
Siehe Tour 38.

Wegverlauf/Wegezeiten
Vom Kraischaberg zur Granitzlhütte und über das folgende Hochtal zur Zechnerkarspitze (3 Std.),
Abstieg 2 Std.

Charakteristik
Durch viel Wald auf die Alm und unschwierig zum felsigen Gipfel.

Einkehr/Hütten
Keine Hütten unterwegs, Gasthäuser in Mariapfarr.

Information
Tourismusverband Mariapfarr,
Tel. 06473/87 66.

Bei der Granitzlhütte

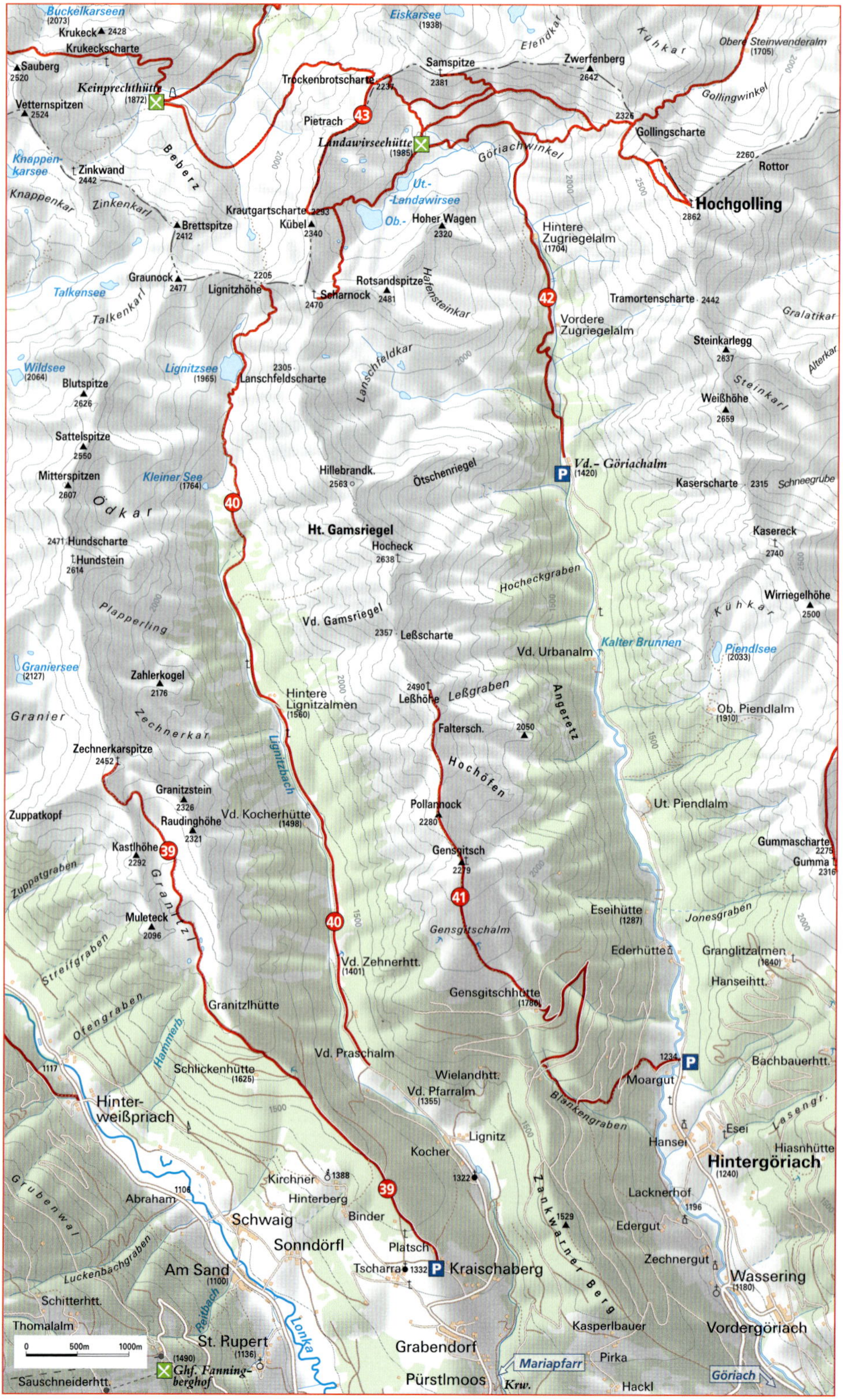
Buckelkarseen
(2073)
Krukeck 2428
Krukeckscharte
Sauberg
2520
Keinprechthütte
(1872)
Vetternspitzen
2524
Knappen-
karsee
Zinkwand
2442
Knappenkar
Zinkenkar
Beberz
Brettspitze
2412
Graunock
2477
Talkensee
Talkenkarl
Lignitzhöhe
2205
Eiskarsee
(1938)
Elendkar
Kühkar
Obere Steinwenderalm
(1705)
Samspitze
2381
Zwerfenberg
2642
Trockenbrotscharte
2237
Gollingwinkel
Pietrach
43
Landawirseehütte
(1985)
2326
Gollingscharte
Göriachwinkel
2260
Rottor
Ut.-
Landawirsee
Ob.-
Hochgolling
2862
Krautgartscharte
2293
Kübel
2340
Hoher Wagen
2320
Hintere
Zugriegelalm
(1704)
Scharnock
2470
Rotsandspitze
2481
Hafensteinkar
42
Tramortenscharte
2442
Gralatikar
Vordere
Zugriegelalm
Steinkarlegg
2637
Alterkar
Wildsee
(2064)
Lignitzsee
(1965)
2305
Lanschfeldscharte
Lanschfeldkar
Blutspitze
2626
Steinkarl
Weißhöhe
2659
Sattelspitze
2550
Mitterspitzen
2607
Kleiner See
(1764)
Hillebrandk.
2563
Ötschenriegel
Vd.- Göriachalm
(1420)
Kaserscharte
2315
Schneegrube
Ödkar
40
Ht. Gamsriegel
Hocheck
2638
2471 Hundscharte
Hundstein
2614
Kasereck
2740
Hocheckgraben
Plapperling
Vd. Gamsriegel
2357
Leßscharte
Kühkar
Wirriegelhöhe
2500
Kalter Brunnen
Graniersee
(2127)
Zahlerkogel
2176
Vd. Urbanalm
Piendlsee
(2033)
Granier
Hintere
Lignitzalmen
(1560)
2490
Leßhöhe
Leßgraben
Angeretz
Ob. Piendlalm
(1910)
Zechnerkar
Faltersch.
2050
Lignitzbach
Zechnerkarspitze
2452
Hochöfen
Granitzstein
2326
Zuppatkopf
Raudinghöhe
2321
Vd. Kocherhütte
(1498)
Pollannock
2280
Ut. Piendlalm
Kastlhöhe
2292
39
Gensgitsch
2279
Gummascharte
2279
Gumma
2316
Zuppatgraben
Granitzl
41
Muleteck
2096
40
Gensgitschalm
Eseihütte
(1287)
Jonesgraben
Ederhütte
Granglitzalmen
(1840)
Streifgraben
Vd. Zehnerhtt.
(1401)
Hanseihtt.
Granitzlhütte
Gensgitschhütte
(1786)
Ofengraben
Hammerb.
Vd. Praschalm
1234
Bachbauerhtt.
1117
Schlickenhütte
(1625)
Wielandhtt.
Moargut
Hinter-
weißpriach
Vd. Pfarralm
(1355)
Blankengraben
Lasengr.
Lignitz
Esei
Hansei
Hiasnhütte
Kocher
Hintergöriach
(1240)
Kirchner
1388
1322
Grubenwal
1108
39
Lacknerhof
Abraham
Hinterberg
1196
Schwaig
Binder
1529
Edergut
Zankwarner Berg
Sonndörfl
Platsch
Zechnergut
Luckenbachgraben
Am Sand
(1100)
Tscharra
1332
Kraischaberg
Wassering
(1180)
Schitterhtt.
Reitbach
Lonka
Thomalalm
Kasperlbauer
Vordergöriach
St. Rupert
(1136)
Grabendorf
0
500m
1000m
(1490)
Mariapfarr
Pirka
Ghf. Fanning-
berghof
Göriach
Sauschneiderhtt.
Pürstlmoos
Krw.
Hackl

Auch bei der Zechnerkarspitze wird der Weg im Schlussteil steinig

(Ende Juli). Sobald man an einem Marterl (links) vorbeikommt, sollte man die Abzweigung nach links nicht übersehen. Der Fußweg zieht nun im dichteren Wald steil aufwärts, kurz erfrischen ein Bründl und ein Bankerl, ansonsten ist die Richtung klar: gerade nach oben!
Zweimal wird eine Forststraße noch überschritten, dann benützt der Fußweg das letzte Stücke Straße zur Granitzlhütte mit dem großen Bergkreuz, dem schönen Brunnen (letztes Wasser) und den Rastbänken (1 ¼ Std.).

Über Almboden und an den letzten Fichten, Zirben und Lärchen vorbei zieht der Steig rechts aufwärts. Schon bald betritt man die weiten Wiesenböden mit einzelnen Lacken, Almrausch, Speik, Glockenblumen und höher oben auch Eisenhut. Kühe, Pferde und Schafe weiden hier, während man über mehrere Geländestufen zwischen dem Muleteck und dem Granitzl ansteigt, das Ziel immer vor sich. Erst im hintersten Kar führt der Weg in einem Linksbogen steil auf den Kamm hinauf, der von der Zechnerkarspitze zur Kastlhöhe zieht. Bereits hier tolle Ausblicke in die Radstädter Tauern und darüber zu Hochalmspitze, Ankogel usw. Über den Kamm wird nach rechts das Gipfelkreuz erreicht (ab Hütte 1 ¾ Std.).
Die Gipfelrundschau geht weit in die Tauern. Tief unten zeigen sich die Hütten der Hinteren Lignitzalmen mit dem Anstieg zu Lignitzsee und Lignitzhöhe (siehe nächste Tour).

40 Lignitz ca. 1330 m Lignitzsee 1965 m Lignitzhöhe 2205 m

Einsame Alm, ein herrlicher Bergsee und „nur“ ein Bergübergang

TOUR AUF EINEN BLICK

Anreise
Von Mariapfarr über Kraischaberg nach Lignitz, mit Pkw oder Tälerbus. Auskunft über Tälerbus unter Tel. 06473/87 66.

Karten, Information
Siehe Tour 36.

Wegverlauf/Wegzeiten
Zur Hinteren Lignitzalm, dann hinauf zum See und steil zur Lignitzhöhe (ab Schranken 2 ¾ Std.)

Charakteristik
Schöne Almwanderung mit Aufstieg zu Bergsee und Aussichtshöhe.

Einkehr/Hütten
Unterwegs keine bewirtschaftete Hütte. Jausenstation Wielandhof in Lignitz, ganzjährig geöffnet, Tel. 06473/71 62.

Skizze
Siehe Seite 124.

Eine unschwierige Wanderung, bei der die Einsamkeit das bestimmende Moment darstellt. Das beginnt schon bei der Zufahrt nach Lignitz, die von Mariapfarr über den Kraischaberg die kleine versteckte Ansiedlung erreicht. Bei der Hinteren Lignitzalm gibt es noch Lärm (Hütten vermietet), dann wird es ruhig, nach dem See gehen überhaupt nur mehr die ganz Sportlichen zur Höhe hinauf oder jene, die jenseits zur Keinprechthütte wollen.

WEGBESCHREIBUNG

Von Lignitz mit der Jausenstation Wielandhof fährt man noch ca. 2 km ins Lignitztal hinein, dann sperrt der Schranken die Almstraße. Bis zur Hinteren Lignitzalm kann man eventuell mit dem Tälerbus fahren und dabei ¾ Std. Fußweg sparen. Zu Fuß marschiert man auf der schönen Almstraße los (Weg 744), kommt leicht ansteigend an der Zehneralm vorbei und genießt das Ambiente des

Auf der Hinteren Lignitzalm

Noch liegt viel Schnee auf dem Lignitzsee

Tales: links und rechts steil ansteigende Bergflanken mit Fichten, Zirben und Lärchen, im Tal Weideflächen und ein rauschender Bach. Ganz im Tal hinten zeigt sich bereits der mächtige Klotz des Graunocks.

Bei der Hinteren Lignitzalm entdeckt man links hoch oben eine markante Spitze, die Zechnerkarspitze, und eine Tafel gibt an, dass zur Lignitzhöhe noch 2 Std. einzuplanen sind. Darum gleich auf der Almstraße weiter, bis die Markierung nach rechts in den Wald (unter dem Hocheck) weist. Da rund 100 Höhenmeter steil nach oben, dann bleibt der Wald zurück, der Weg wird flacher und zieht über Almböden mit Enzianen, Anemonen und Almrausch (je nach Jahreszeit) in mehreren Aufschwüngen zum breiten Lignitzsee.

Bei diesem Aufstieg beeindruckt linker Hand der Höhenzug von der Zechnerkarspitze über den Hundstein, die Mitterspitzen und der Steinkarspitze mit ihren breiten Karen, die bis in die Talsohle herunter reichern, während rechts der Kamm vom Hocheck über den Hillebrandkogel zum Scharnock zieht. Dass hier Murmeltiere pfeifen und Gämsen friedlich äsen, gehört zum Erlebnis des Weges.

Der Weg zur Höhe führt um den See rechts herum, weicht einem Felsrücken aus und zieht dahinter nach rechts steil hinauf zur Lignitzhöhe. Da erhebt nordwärts am Horizont der Dachstein sein Haupt, im Kar unter der Scharte ruht ein kleiner See, an dem der Weg zur Keinprechthütte vorüber zieht (1 Std.). Nach Süden blicken wir das Lignitztal auswärts und bewundern die hohen Bergkämme, die uns beim Aufstieg begleitet haben.

41 Göriachtal 1242 m Gensgitsch 2279 m Leßhöhe 2490 m

Gipfelhungrige können drei Zweitausender ersteigen

TOUR AUF EINEN BLICK

Anreise
Von St. Andrä oder Mariapfarr nach Hintergöriach. Dort neben der Straße ins Göriacher Almtal, in der Nähe des Hofes Moargut parken. Tälerbusauskunft, Tel. 06483/212.

Karten
freytag & berndt, Wanderkarte 1:50.000, WK 201 (Schladminger Tauern) – Österreichische Karte 1:50.000, Blatt 157 (Tamsweg).

Wegverlauf/Wegzeiten
Vom Moargut über die Gensgitschhütte zum Gensgitsch (3 Std.), weiter zur Leßhöhe (1 Std.).
Abstieg 2 bis 2 ½ Std.

Charakteristik
Almgipfel am Gensgitsch, Höhenwanderung zur Leßhöhe.

Einkehr/Hütten
Keine bewirtschaftete Hütte am Berg, Gasthäuser im Tal.

Information
Fremdenverkehrsverein Göriach, Tel. 06483/212.

Skizze
Siehe Seite 124.

Der Gensgitsch ist ein „Almberg“ mit respektabler Höhe, den man bereits bei der Anfahrt bewundern kann. Als Vorberg des Höhenzuges zwischen Lignitz- und Göriachtal bietet er eine kaum erwartete Aussicht. Zum Gensgitsch ziehen Markierungen von Lignitz und aus dem Göriachtal zur Höhe. Hier wird die klassische Route vorgeschlagen.
Da man vom Gipfel über das Polannock unschwierig zur Leßhöhe weitergehen kann, können Gipfelsammler reiche Beute einbringen.

WEGBESCHREIBUNG

Von der Göriacher Almdorfstraße geht man gemütlich über die Brücke (dort Tafel „Gensgitschhütte 2 Stunden“) zum Moargut, wo auf einer Geräte-

Göriach mit dem „Almgipfel“ Gensgitsch

hütte der Hinweis (Wegbezeichnung G 6) zu sehen ist. Da nach rechts weiter und im anschließenden Wald schattig gleich ordentlich höher. Der Waldanstieg zieht gleichmäßig aufwärts und überquert mehrere Forststraßen. Aufpassen sollte man ungefähr auf Höhe des Kobaltsattels (rechts davon). Da weist eine Tafel an einem Baum („Gensgitschhütte ¾ Std.") auf einen Steig, der sich aber schon bald im Wald verliert. Er kann für Ortsunkundige nicht empfohlen werden.

Es ist besser, der Forststraße nach rechts zu folgen (später auf Baum Markierung G 6) und auf dieser weit ausholend mit großer Linkskehre höher oben auf die Straße vom Kobaltsattel zu treffen. Da nach rechts zur Gensgitschhütte.

Der Wald bleibt jetzt zurück, letzte zerzauste Lärchen wiegen sich im Wind und die weiten Almböden bieten interessante Ausblicke zum Gummaberg, zur Kreuzhöhe und vor allem zum dominierenden Kasereck.

Über mehrere Alm-Aufschwünge zieht der Steig höher. Mehrere Rösser stehen im leichten Wind, das Wasser einer herrlich frischen Quelle gluckst leise auf ca. 2100 m Höhe, die Sonne strahlt warm

Oberhalb der Gensgitschhütte, links der markante Spitz des Kaserecks

aus dem blauen Himmel an diesem Septembertag, an dem wir diese Wanderung genießen, und in den steilen Bergflanken gegenüber liegt der erste Schnee in den Rinnen.

Kein Laut ist zu hören, während man hinunter nach Göriach, Tamsweg und St. Michael zurückblickt.

Dann ist der Gipfel geschafft mit seiner sensationellen Aussicht: zu Kasereck, Hochgolling, Zwerfenberg, nach vor zur Leßhöhe, links zur Zechnerkarspitze und in die Hohen Tauern, südwärts zu den Nockbergen, zum Gstoder und bis zum Zirbitzkogel.

Wer zwei weitere Gipfel besteigen will, folgt der Markierung (Weg 764) ca. 100 Höhenmeter abwärts, dann über das Pollannock (kaum ausgeprägter Gipfel) zur Falterscharte und aus dieser felsig zur Leßhöhe (1 Std. Mehraufwand).

42 Vordere Göriacher Alm 1422 m
Landawirseehütte 1985 m

Vom Göriacher Almdorf in das Reich des Hochgollings

TOUR AUF EINEN BLICK

Anreise
Von Göriach zur Vorderen Göriacher Alm, mit Pkw oder Tälerbus, Auskunft, Tel. 06483/212.

Karten
Siehe Tour 41.

Wegverlauf/Wegzeiten
Vom Göriacher Almdorf zur Landawirseehütte (2 Std.) und zu den beiden Landawirseen (¼ Std.). Abstieg von der Hütte 1 ½ Std.

Charakteristik
Eindrucksvolle Familienwanderung zur Hütte und zu den beiden Seen.

Einkehr/Hütten
Hansalhütte (Jausenstation) auf der Vorderen Göriacher Alm, bew. von Mitte Mai bis Mitte Oktober, Tel. 06483/208. – Landawirseehüte, bewirtschaftet von Mitte Juni bis Anfang Oktober, Betten und Lager, Tel. 06483/245 (im Tal: 06483/201 13).

Information
Siehe Tour 41.

Skizze
Siehe Seite 124.

Das Göriacher Almdorf und die Landawirseehütte mit den beiden Seen sind Ziele einer herrlichen Almwanderung, auch für Familien geeignet. Im grünen Talschluss stehen auf engstem Raum neun Hütten zusammen und bilden das bekannte „Hüttendorf". Dieser Platz bietet den idealen Lawinenschutz, während auf den Seiten die Bergflanken steil hochziehen. Mit dem Pkw kann man auf der mautfreien Almstraße durch den langen Graben bis knapp vor das Hüttendorf zufahren (Parkplatz), auch Tälerbus.

Die Landawirseehütte mit dem Scharnock

WEGBESCHREIBUNG

An den Hütten des Almdorfes vorbei zieht die Markierung 775 auf den prächtigen Talschluss zu, wo sich auf der ersten Geländestufe die Vordere Zugriegelalm zeigt. Darüber erhebt sich breit der Zwerfenberg. Bald geht es über den Bach und dann der Almstraße folgend stetig aufwärts. Bei der ersten großen Linkskehre schießen rechter Hand gewaltige Wassermassen des Göriachbaches tosend zu Tal.

Von der Zugriegelalm entzückt der schöner Rückblick und beim Weitergehen rinnt, gluckst, rauscht und staubt das Wasser von allen Seiten herunter. Lang gezogen geht man in den breiten Kessel der Göriachalm hinauf, der vom Hohen Wagen, dem Pietrach, der Samspitze, dem Zwerfenberg und dem Hochgolling umschlossen wird. Auf der sehr steinigen Almzufahrt gelangt man schließlich zur einladenden Landawirseehütte mit dem spektakulären Blick zur Westwand des Hochgollings.

Zum Unteren Landawirsee sind es nur wenige Minuten über den Almboden, ein Bergkreuz steht auf der kleinen Kuppe. Der Obere Landawirsee betont den alpinen Charakter, da er nahe an die großen Felskare von Rotsandspitze und Scharnock heranreicht. Die Landawirseehütte ist Stützpunkt für die Besteigung des Hochgollings, des Scharnocks, der Überschreitung vom Kübel zum Pietrach usw. (siehe unten).

43 Landawirseehütte 1985 m Scharnock 2498 m Pietrach 2396 m Samspitze 2381 m

Gipfelwege rund um die Landawirseehütte für trittsichere und geübte Berggeher

TOUR AUF EINEN BLICK

Anreise, Karten, Einkehr/Hütten, Information
Siehe Tour 42

Wegverlauf/Wegzeiten
Von der Landawirseehütte zum Oberen Landawirsee und dann zum Scharnock (1 ½ bis 2 Std.).
Vom Oberen Landawirsee über die Krautgartscharte und den Pietrach (2 ½ Std.).
Von der Landawirseehütte zur Samspitze (1 ¼ Std.).

Charakteristik
Diese „Wege" eignen sich nur für trittsichere und schwindelfreie Berggeher, hervorragende Aussicht.

Skizze
Siehe Seite 124.

Von der Landawirseehütte bieten sich mehrere Gipfel an. An erster Stelle natürlich der Hochgolling (siehe dazu Seite 47f). Aber auch das Scharnock, der Weg vom Kübel über den Pietrach oder der Anstieg zur Samspitze haben ihren Reiz. Darum sollen diese Anstiege kurz geschildert werden.

WEGBESCHREIBUNG

Zum Scharnock

Von der Landawirseehütte geht man zum Oberen Landawirsee und an diesem vorbei steil nach

Steil zieht der Pfad zum Kübel (links) und zur Krautgartscharte hoch

rechts aufwärts Richtung Kraugartscharte bis zur nächsten Geländestufe, dort Wegteilung. Nun folgt der Steig nach links der lang gezogenen Terrasse über Schutt und Geröll (auch Schneefelder) in die Scharte zwischen Rotsandspitze und Scharnock. Dort Wendung nach rechts und über den Ostgrat entlang der Gratschneide zum Gipfel (kurze, leichte Kletterstellen).

Kraugartscharte und Pietrach

Wie vorher zum Oberen Landawirsee, dann nach rechts aufwärts zur Wegteilung Scharnock und weiter durch die rasendurchsetzte Rinne steil hinauf in die Scharte rechts vom Kübel. Nun folgt man dem Kamm nach rechts gleich einmal leicht absteigend, dann wieder über den grünen Kamm zum beginnenden Südgrat des Pietrach.
Ein Felskopf wird links umgangen, dann über den Blockgrat zum Gipfel. Vom Gipfel geht man zum Gamsfeld abwärts und zur Trockenbrotscharte. Bis zur Hütte sind für die Runde 3 Std. einzuplanen.

Beim Oberen Landawirsee, genau über den Rindern grüßt das Scharnock

Samspitze

Von der Landawirseehütte benützt man kurz den Weg zur Trockenbrotscharte, um schon bald nach rechts den Pfad zum „Höhenweg" (Trockenbrotscharte – Gollingscharte) zu wählen. Gleich nachdem von links der Weg von der Trockenbrotscharte einmündet, zieht die Markierung vom Höhenweg durch die grasige Bergflanke steil nach links aufwärts zur Samspitze. Besonders schöner Aussichtspunkt über den gesamten Göriachalmkessel mit den umgebenden Gipfeln.

44 Lessach/Hof Brugger ca. 1450 m Wildbachhütte 1806 m Gummaberg 2315 m Kreuzhöhe 2566 m

Zum Gummaberg für alle, zur Kreuzhöhe für Trittsichere

TOUR AUF EINEN BLICK

Anreise
Von Tamsweg nach Lessach, ca. 300 m vor der Kirche nach links (Hinweis „Wildbachhütte“) hinauf zum Gehöft Brugger. Kurz vorher Parkplatz.

Karten
freytag & berndt, Wanderkarte 1:50.000, WK 201 (Schladminger Tauern) – Österreichische Karte 1:50.000, Blatt 157 (Tamsweg).

Wegverlauf/Wegzeiten
Vom Parkplatz zur Wildbachhütte (1 Std.), dann steiler zum Gummaberg (1 ¼ Std.),
weiter zur Kreuzhöhe (1 Std.).
Abstieg vom Gummaberg 1 ¾ Std.

Charakteristik
Zum Gummaberg Bergwanderung, zur Kreuzhöhe nur für Geübte.

Einkehr/Hütten
Wildbachhütte, ab Juni bis Ende September täglich von 10 Uhr bis zum Abend bewirtschaftet. Schlaflager vorhanden. Anmeldung erforderlich, Tel. 0664/410 75 13.

Information
Tourismusverband Lessach, Tel. 06484/813.

Wer diesen Weg zum Gummaberg geht, erlebt durchaus Ungewohntes. Zuerst betrifft es das Gehöft Brugger, das in verschiedenen Karten mit Puegga, Puegger oder Burga bezeichnet wird. Welche Bezeichnung auch in Ihrer Karte steht, es ist die richtige Zufahrt zum Parkplatz knapp unter dem Gehöft.

Des Weiteren ist es zumindest ungewohnt, dass ein Hüttenwirt erst ab 10 Uhr vormittags bei der Hütte

ist. Allerdings gibt es Bier und Getränke ohne Alkohol im Brunnentrog (Abrechnung beim Herunterkommen!).
Und nicht ganz alltäglich muss auch genannt werden, dass weidende Rinder um das Gipfelkreuz (immerhin über 2300 m Höhe) wie die Gämsen im Steilgelände herumsteigen.

WEGBESCHREIBUNG

Mitten durch das Gehöft Brugger beginnt der Weg zum Gipfel. Noch ein Bründl samt Krügerl, dann zieht die Markierung rechts am Stallgebäude vorbei nach oben. Kurz wird eine Wiese überschritten, dann steigt der Weg im Wald rund 100 Höhenmeter steiler an. Aber schon bald beginnt der gemütliche Teil als Waldweg durch einen herrlichen Hochwald mit Fichten und Lärchen und auffallend viel Flechten auf manchen Bäumen. Über eine

Gipfeltreffen auf dem Gummaberg

38 solcher Lawinenkegel aus Steinen (aus den 50er Jahren) schützen den Ort Lessach

Auch die Rinder steigen auf 2300 m an

Forststraße, auf dem wieder abkürzenden Weg und schließlich auf neuerlicher Straße kommt man zur Wildbachhütte. Schöner Hüttenplatz, für Getränke ist allemal gesorgt.

Nach der Hütte ist es mit der Gemütlichkeit vorbei, der Weg zieht steil durch lichten Lärchenwald höher und quert später nach rechts durch die breite Südmulde des Gummaberges. Da wartet wieder eine Rarität: 38 gewaltige Lawinenschutz-Kegel, die in den fünfziger Jahren aus Tausenden Steinen aufgeschichtet wurden und den Ort im Tal schützen.

Ein letztes Bründl sprudelt aus dem Boden, dann geht es nur mehr aufwärts, zuerst ordentlich steil über den Rasenkamm, dann flacher über den Höhenrücken zum Gipfelkreuz. Thronend blickt man hinunter auf Tamsweg, Lessach, Mariapfarr usw. Nordwärts erhebt sich die Kreuzhöhe, darum der Weg dorthin: Kurz *vor* dem Gipfelkreuz des Gummaberges zieht links durch die sehr steile Bergflanke ein Steig hinunter in die Gummascharte. Da warten die ersten Schrofen, bei denen man die Hände gebrauchen muss. Aus der Scharte windet sich der Steig dann über die folgenden Rasen links des Gratverlaufes steil nach oben. Unterwegs werden größere Schrofen und Felstürme meist links umgangen, bis der Gipfel über Blockwerk geschafft ist. Nur für Trittsichere. Kann bei Nässe und Schneeresten gefährlich sein (Wettersturz). Gipfelsicht zu den Großen: Kasereck, Hochgolling, Preber, den Hundsteinzug, aber auch ins Tennengebirge, zur Bischofsmütze und in die Radstädter Tauern.

45 Laßhoferalm / Lessachtal 1270 m
Zwerfenbergsee 2024 m

Zu einem der schönsten Bergseen des Lungau, unter dem Waldhorn gelegen

Der Zwerfenbergsee ist für viele das Tagesziel. Ein ausgesprochen schöner und einladender Platz mit dem großen See im Kessel unter dem gewaltigen Waldhorn. Für Familien oder Genießer ist das genug.

Die Sportlichen und die Gipfelsammler werden aber weiter gehen: über den Lungauer Klaffersee zum Greifenberg oder über das Waldhorntörl zur Preintalerhütte oder über die Kaiserscharte zur Putzentalalm bzw. über die Landschitzscharte im

TOUR AUF EINEN BLICK

Anreise
Von Tamsweg über Lessach zur Laßhoferalm (Mautstraße).

Karten
freytag & berndt, Wanderkarte 1:50.000, WK 201 (Schladminger Tauern) – Österreichische Karte 1:50.000, Blätter 127 (Schladming), 157 (Tamsweg).

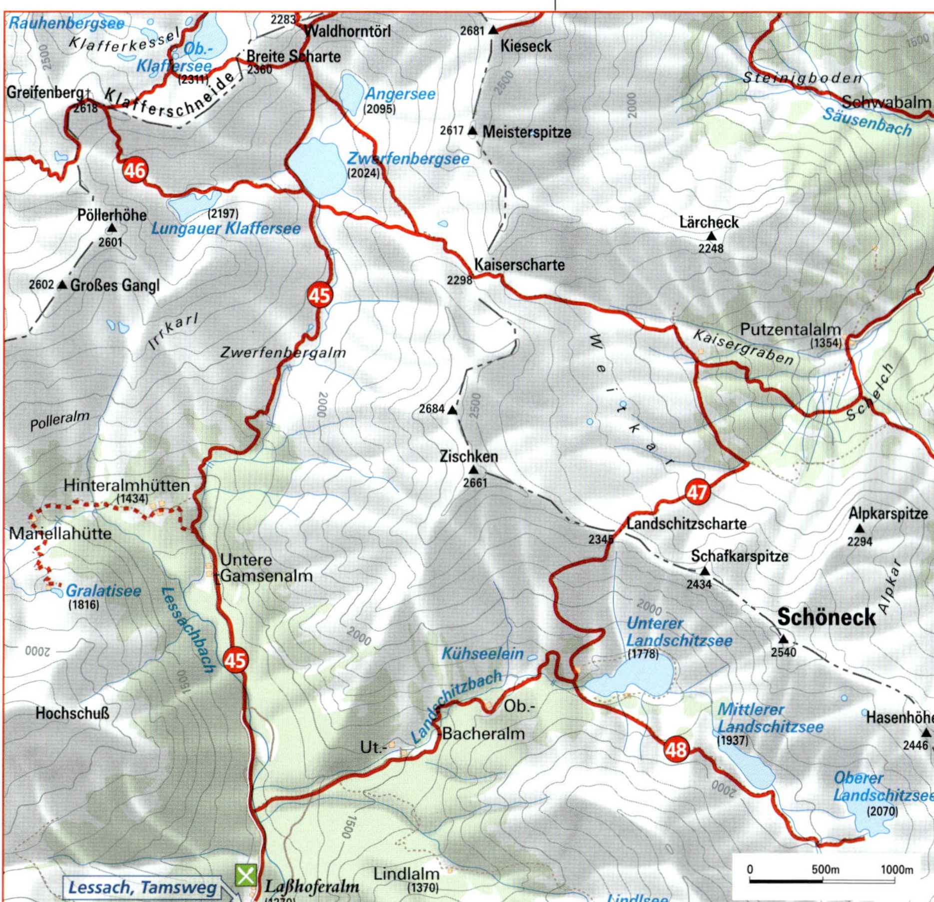

großen Bogen zur Laßhoferalm zurück (siehe dazu die folgenden Touren).

WEGBESCHREIBUNG

Im Bereich der Laßhoferalm bleibt das Auto, auf der Forststraße beginnt der Anstieg zum Zwerfenbergsee (Weg 777). Der morgendliche Wald umgibt den Berggeher, vom Bach zieht Kühle heran. Leicht steigend geht man den langen Graben einwärts, vor sich das Große und das Kleine Gangl, die mit der Pöllerhöhe den hoch aufragenden Talschluss bilden. Bei der Unteren Gamsenalm im Tal hinten drängt sich plötzlich links eine mächtige

Der Zwerfenbergsee: für den Familienausflug bestens geeignet

Wand ins Bild, die Ostwand des Hochgollings. Da könnte man nach links über die Hinteralmhütten zum Gralatisee gehen.
Unser Weg hält jetzt aber auf eine gewaltige Geländestufe halbrechts zu. An letzten Lärchen, dunklen Zirben und Fichten vorbei windet sich der Steig von Stufe zu Stufe in vielen Serpentinen da hinauf. Ist man früh unterwegs, bleibt man bis zur Geländekante im Schatten. Über Steinplatten und größere Stufen helfen im oberen Teil Versicherungen, dann tut sich das freie Gelände auf. Und über lang gezogene Almaufschwünge, immer in der Nähe des rauschenden Zwerfen-

TOUR AUF EINEN BLICK

Wegverlauf/Wegzeiten
Von der Laßhoferalm zum Talschluss und hinauf zum Zwerfenbergsee (2 ¾ Std.). Abstieg 2 Std.

Charakteristik
Wald- und Almwanderung mit steilerem Anstieg aus dem Talschluss.

Einkehr/Hütten
Laßhoferalm, Jausenstation im Sommer. Tel. 06484/324.

Information
Tourismusverband Lessach, Tel. 06484/813.

bergbaches, an der Göralhütte vorüber und an tosenden Wasserfällen vorbei kommt man zum „Traumplatz“ beim Zwerfenbergsee. Ein wunderbares Bergziel ist erreicht.
Hier teilen sich die Wege, nach Westen zum Greifenberg und zur Gollinghütte, gerade hinauf zum Waldhorntörl und zur Preintalerhütte, nach Osten zur Kaiserscharte und ins Kleine Sölktal. Der Abstieg lässt es in den Latschen noch einmal richtig warm werden (südseitig).

46 Zwerfenbergsee 2024 m Lungauer Klaffersee 2197 m Greifenberg 2618 m

Mit dem Anstieg zum Zwerfenbergsee eine lange, anstrengende Tour

TOUR AUF EINEN BLICK

Anreise, Karten, Einkehr, Information
Siehe Tour 45.

Wegverlauf/Wegzeiten
Vom Zwerfenbergsee nach links hinauf zum Lungauer Klaffersee und über die Klafferscharte zum Greifenberg (2 Std.). Abstieg zur Breiten Scharte und zum Zwerfenbergsee (1 ½ Std.).

Charakteristik
Großartige Bergtour über viel Geröll und Gesteinstrümmer.

Skizze
Siehe Seite 137.

Der Weg zum Greifenberg wird von der Lungauer Seite nur von wenigen begangen. Die Tour ist für den „Normalverbraucher" zu lange. Von der Laßhoferalm sind es bis zum Greifenberg rund 1350 Höhenmeter. Da machen viele spätestens beim Lungauer Klaffersee kehrt.
Oder man quert über dem Lungauer Klaffersee zum Greifenbergsattel hinüber und steigt zur Gollinghütte ab (3 Std. ab Zwerfenbergsee).
Wer zum Waldhorntörl geht, kann zur Preintalerhütte hinunter gehen oder vom Törl aus das Waldhorn besteigen (ab Zwerfenbergsee mindestens 2 Std.).
Alle diese Touren sollte man erst angehen, wenn der Schnee großteils geschmolzen ist.

WEGBESCHREIBUNG

Gleich nach dem Südufer des Zwerfenbergsees zieht nach links der Steig über den breiten begrünten Rücken aufwärts. Und schneller als man denkt, ist die nächsthöhere Geländestufe erreicht, in der sich der Lungauer Klaffersee lang gezogen nach Westen ausstreckt. Einsam, von dunklem Fels umrahmt ruhen die glasklaren Wasser in der Senke unter der Pöllerhöhe.
An der Nordseite des Sees zieht der Steig weiter und wendet sich dem Greifenberg zu. Nun wird es steil. Die folgenden 250 Höhenmeter zur Klafferscharte sind beschwerlich, Geröll, Steine, Schutt erschweren den Anstieg. Und aufpassen sollte man auch. Ab der Scharte (von rechts kommt der Anstieg von der Preintalerhütte) wird es meist „lebendig“, da man all jenen begegnet, die den Klafferkessel überschreiten.
Dafür lacht das Gipfelglück am Greifenberg umso intensiver: mit prachtvoller Sicht in das Zauberreich des Klafferkessels hinunter, zu den großen Gipfeln mit Hochwildstelle, Waldhorn, Hochgolling und Kasereck in der Nähe, während die Mauern des Dachsteinstockes im Norden den Horizont beschließen.
Der Abstieg folgt vorerst dem Weg zur Preintalerhütte und wählt knapp vor dem Oberen Klaffersee den Steig unter der Klafferschneid hinüber in die Breite Scharte. Von dieser steigt man über viel groben Schotter und Steine hinunter zum Zwerfenbergsee. Dann bleibt noch der Abstieg zur Laßhoferalm.

Der Obere Klaffersee mit dem Greifenberg

Bild linke Seite:
Nach links zieht der Steig hinauf zum Lungauer Klaffersee

47 Laßhoferalm 1270 m Zwerfenbergsee 2024 m Kaiserscharte 2298 m Landschitzscharte 2345 m

Ab Zwerfenbergsee eine einsame Runde für Feinspitze

TOUR AUF EINEN BLICK

Anreise, Karten, Einkehr, Information
Siehe Tour 45.

Wegverlauf/Wegzeiten
Zum Zwerfenbergsee (2 ¾ Std.), weiter zur Kaiserscharte (1 Std.), dann auf Verbindungsweg zur Landschitzscharte (2 Std.) und zur Laßhoferalm (1 ¾ Std.).

Charakteristik
Großartige, aber lange Bergtour mit verschiedenen Landschaftseindrücken.

Skizze
Siehe Seite 137.

Auf dieser Runde betritt man das alpine Neuland erst ab dem Zwerfenbergsee. Am südlichen Seeufer muss man zuerst über den Seeabfluss drüber. Wenn der Zwerfenbergbach viel Wasser führt (wie etwa 2005), dann heißt es die Schuhe ausziehen und barfuß bis zu den Knien durch den Bach waten. Dass die Füße wieder warm werden, dafür sorgt der folgende Anstieg.

WEGBESCHREIBUNG

Ist der Bach überschritten, entdeckt man an einem Felsen einen roten Punkt, der die einzige Markierung bis zur Kaiserscharte bleibt. Man weiß, wo ungefähr die Kaiserscharte liegen muss, und sucht da hinauf seinen Weg durch den grasigen Hang. Während des Aufstieges säumen nordwärts das Waldhorn, das Kieseck und die Kaiserspitze den

Der Untere Landschitzsee, ein viel besuchtes Ausflugsziel

Die Laßhoferalm, eine perfekte Jausenstation

Bild links:
Auf der Oberen Bacheralm mit Blick zum felsigen Kasereck

Horizont, während auf der Südseite die Deichselspitze immer mehr in Erscheinung tritt. Rückblickend beeindrucken die Pöllerhöhe und der Greifenberg.
Von der Scharte (fast 2300 m Höhe) blickt man hinunter in das Kaisertal/Weittal, wo sich der Steig auf den niederen Böden in der Ferne verliert. Schon von heroben ist ein großer vierkantiger Steinblock zu sehen und nicht weit davon bietet eine einsame Hütte Unterschlupf, wenn das Wetter plötzlich umschlagen sollte.
Ein Stück unterhalb zieht dann eine Markierung (Weg 793 A) nach rechts in das Weitkar hinüber und durch dieses hinauf zur Landschitzscharte. Damit beginnt der lange Abstieg ins Lessachtal. Der Steig, ein alter Schafauftriebsteig (Trittsicherheit erforderlich), schlägt unter der Schafkarspitze einen großen Bogen und schlängelt sich dann in Kehren durch die rasige Bergflanke zum Unteren Landschitzsee hinab, der aber nicht berührt wird (kurzer Abstecher nach links möglich).
Über den nächsten Almboden mit sanftem Bach und herrlichem Blick zum Kasereck erreicht man die Obere Bacheralm und geht von dieser durch Wald steil hinunter ins Lessachtal. Dort über den Lessachbach und auswärts zur Laßhoferalm. Damit ist diese wirklich große Runde geschlossen.

48 Laßhoferalm 1720 m
Oberer Landschitzsee ca. 2090 m

Drei Seen laden ein zum Besuch

TOUR AUF EINEN BLICK

Anreise, Karten, Einkehr usw.
Siehe Tour 45.

Wegverlauf/Wegzeiten
Von der Laßhoferalm zum Unteren Landschitzsee, Weg 784 (1 ¾ Std.), dann über den Mittleren (Weg RW 6) zum Oberen Landschitzsee unter dem Bockleiteck (1 ¼ Std.).
Abstieg gesamt 2 ¼ Std.

Charakteristik
Durch Wald zu den Seen.

Skizze
Siehe Seite 137.

Ob man nur zum Unteren, zum Mittleren oder bis zum Oberen Landschitzsee geht, immer wird man für die Anstiegsmühen belohnt. Der Untere See ruht im Almkessel, der nach allen Seiten steil höher zieht und noch vom Wald umschlossen wird. Die Ausflügler aus dem Lessachtal bleiben hier und genießen die Ruhe, die Sonne und die herrliche Bergwelt, einige auch das Wasser des Sees zum Baden.
Der Mittlere See liegt bereits über der Baumgrenze, er bietet knapp vorher einen „Wiesengupf" mit einladendem Aussichtsbankerl. Und der Obere Landschitzsee duckt sich unter den felsigen Kamm, der von der Hasenhöhe über das Hochlahneck zum Bockleiteck zieht. Dafür präsentiert er

einen herrlichen Ausblick nach Norden zum Hochgolling. Je nach Kondition ist für jeden etwas dabei.

WEGBESCHREIBUNG

Von der Hütte folgt man der Forststraße in Richtung Zwerfenbergsee kurz taleinwärts, bis sich die Wege teilen. Da wird nach rechts der Lessachbach überschritten (Weg 784) und im Hochwald beginnt der Aufstieg entlang des Landschitzbaches, der schon bald als Wasserfall über eine Felsstufe stürzt. Ein Bankerl lässt kurz innehalten und zum Grat vom Kleinen zum Großen Gangl und zur Pöllerhöhe blicken.
Eine Steilstufe bringt uns im schattigen Wald rasch höher. Sobald der Bach nach links überschritten wird, wird es auch wärmer, die Sonne gewinnt vollen Zutritt, der Weg wird steinig und im letzten Stück zur Oberen Bacheralm felsig. Der schöne Hüttenplatz lässt verweilen und in den weiten Almkessel unter dem Zischken hinaufblicken.
Entlang des Landschitzbaches geht man leicht ansteigend in den Talgrund weiter (vorher prächtiger Blick zum Kasereck zurück), benützt dort einen Überstieg und sollte das kleine Kühseelein (links versteckt!) nicht übersehen. Dann spenden Bäume und Bergflanke wieder Schatten bis zur Wegteilung Landschitzscharte/Putzentalalm.
Jetzt heißt es kurz nach rechts abwärts zum traumhaft gelegenen, romantischen Unteren Landschitzsee. Tische und Holzbänke laden zur Jause und zum Bleiben ein.
Die Sportlichen gehen aber beim Seeabfluss über die Brücke nach rechts und oberhalb des Sees (RW 6) zuerst leicht steigend, dann steil hinauf auf die nächste Geländestufe mit dem Mittleren Landschitzsee. Schon bei diesem Anstieg zeigt sich immer imposanter die breite Felspyramide des Hochgollings im Norden.
Noch einmal geht man über die nun freien Almböden zur nächsthöheren Geländestufe mit dem Oberen Landschitzsee unter den herabbrechenden Felskaren des Bockleitecks, des Krautkarecks und dem Grat, der hinüber zieht zu den Barbaraspitzen und zum Roteck. Der Obere See ist der stillste, bis hierher dringen die wenigsten vor, das ist sein Geheimnis und sein Wert.

Bild linke Seite: Beim Anstieg zum Oberen Landschitzsee mit dem Hochgolling im Hintergrund

Der Mittlere Landschitzsee, umrahmt von Hochlahneck, Bockleiteck und Krautkareck

III. Touren von der Krakau ausgehend

49 Grazer Hütte 1896 m Preber 2741 m Roteck 2742 m

Familienausflug zur Hütte, für alle zum Prebergipfel, für Geübte zum Roteck

TOUR AUF EINEN BLICK

Anreise
Mit Pkw oder Bus nach Krakauebene oder Prebersee. Tälerbusauskunft Tel. 03535/83 34 (Schnedlitz).

Karten
freytag & berndt, Wanderkarte 1:50.000, WK 201 (Schladminger Tauern) – Österreichische Karte 1:50.000, Blatt 158 (Stadl an der Mur).

Wegverlauf/Wegzeiten
Zur Grazer Hütte a) von der Klausnerberg-Säge im Rantengraben auf Weg 786 (1 ½ Std.), b) von der Preberseestraße auf Weg 787 (1 ¼ Std.), vom Prebersee auf Weg RW 11 und RW 3 über die Preberhalterhütten (1 ½ Std.).

Charakteristik
Durch viel Wald zur Hütte mit prächtiger Rundsicht, zum Gipfel in immer neuen Aufschwüngen über breiten Rasenkamm. Für alle geeignet.

Einkehr/Hütten
Grazer Hütte, bewirtschaftet von Anfang Juni bis Anfang Oktober, 16 Lager, Tel. 0650/78 45 693.

Information
Informationsbüro Krakauebene, Tel. 03535/86 06.

Bild auf Seiten 146/147: Am Schattensee mit Blick zum Preber

Der Preber ist ein besonderer Berg, er gehört zu den Großen der Schladminger Tauern. Dennoch ist er der Einzige, der von „normalen“ Bergwanderern bestiegen werden kann. Die anderen hohen Gipfel (Hochgolling, Hochwildstelle, Waldhorn, Kieseck, Höchstein, Kasereck, Roteck usw.) verlangen Trittsicherheit, Schwindelfreiheit und manche auch etwas Kletterfertigkeit. Darum wird der Preber an schönen Tagen auch von vielen Bergsüchtigen besucht. Aber keine Angst, durch die Weglänge verteilt sich der „Besucherstrom“, und am Gipfel hat noch jeder Platz gefunden. Dass der Preber mit der 1000-Höhenmeter-Abfahrt zum Prebersee auch ein grandioser Schiberg ist, erhöht seinen Wert.

Auf dem Gipfel des Prebers, dahinter das Roteck

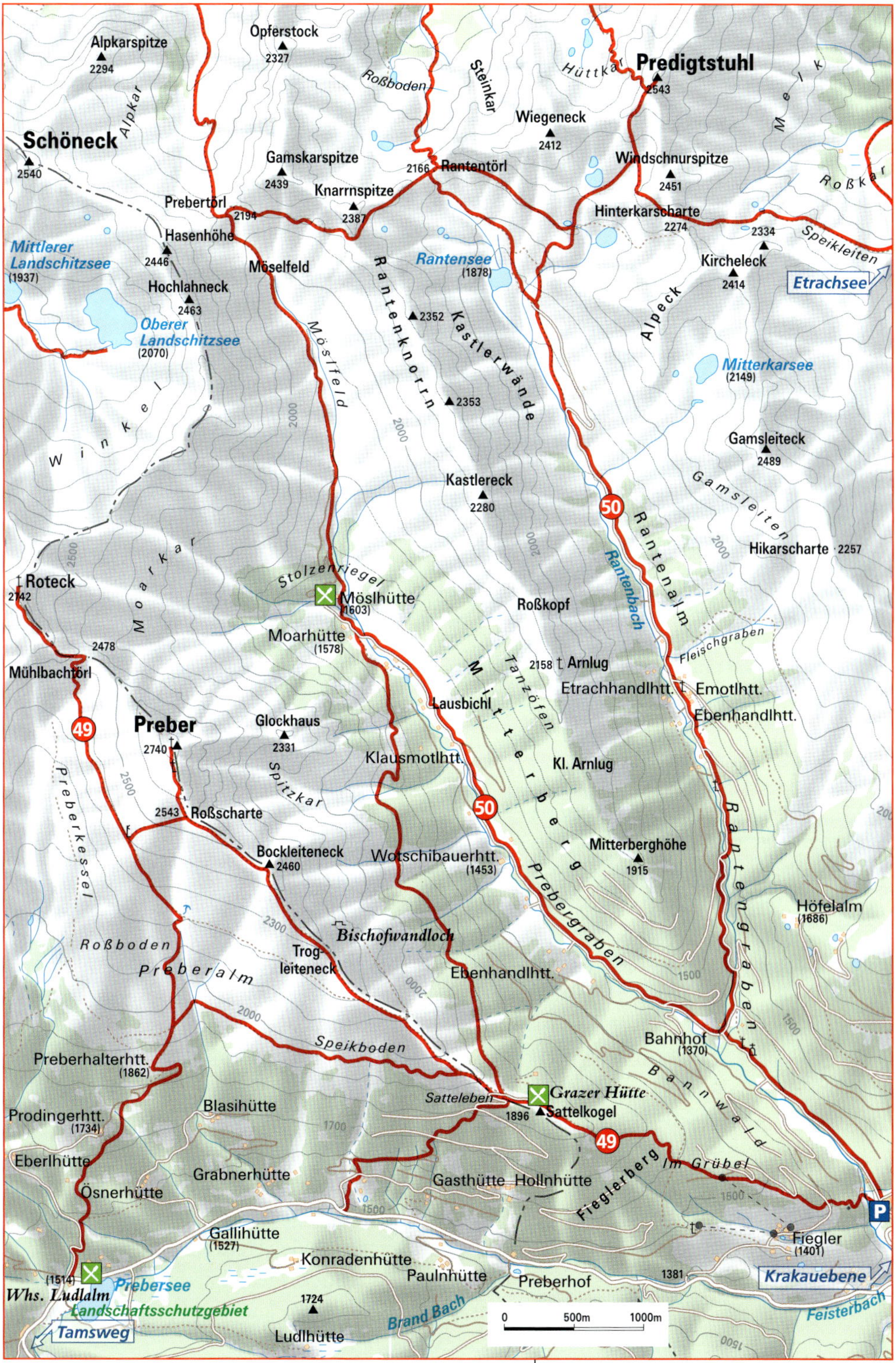

Alpkarspitze 2294
Opferstock 2327
Roßboden
Steinkar
Hüttkar
Predigtstuhl 2543
Melk
Schöneck 2540
Alpkar
Gamskarspitze 2439
Wiegeneck 2412
Windschnurspitze 2451
Roßkar
Prebertörl 2194
Knarrnspitze 2387
2166 Rantentörl
Hinterkarscharte 2274
2334
Speikleiten
Hasenhöhe 2446
Möselfeld
Rantensee (1878)
Kircheleck 2414
Etrachsee
Mittlerer Landschitzsee (1937)
Hochlahneck 2463
Rantenknorrn
2352
Kastlerwände
Alpeck
Oberer Landschitzsee (2070)
Möslfeld
2353
Mitterkarsee (2149)
Winkel
Gamsleiteck 2489
Kastlereck 2280
50
Gamsleiten
Moarkar
Rantenalm
Rantenbach
Hikarscharte 2257
Roteck 2742
Stolzenriegel
Möslhütte (1603)
Roßkopf
Moarhütte (1578)
Fleischgraben
2478
2158 Arnlug
Mühlbachtörl
Mitterberg
Tanzöfen
Etrachhandlhtt.
Emotlhtt.
Lausbichl
Ebenhandlhtt.
49
Preber 2740
Glockhaus 2331
Klausmotlhtt.
Kl. Arnlug
Spitzkar
Preberkessel
2543 Roßscharte
Rantengraben
Bockleiteneck 2460
Wotschibauerhtt. (1453)
Mitterberghöhe 1915
Prebergraben
Höfelalm (1686)
Roßboden
Bischofwandloch
Trogleiteneck
Preberalm
Ebenhandlhtt.
Bahnhof (1370)
Speikboden
Bannwald
Preberhalterhtt. (1862)
Satteleben
Grazer Hütte
1896 Sattelkogel
Prodingerhtt. (1734)
Blasihütte
Eberlhütte
Im Grübel
Fieglerberg
Grabnerhütte
Gasthütte
Hollnhütte
Ösnerhütte
P
Gallihütte (1527)
Fiegler (1401)
Konradenhütte
(1514)
Whs. Ludlalm
Prebersee
Paulnhütte
Preberhof
1381
Krakauebene
Landschaftsschutzgebiet
1724
Brand Bach
0 500m 1000m
Feisterbach
Tamsweg
Ludlhütte

Die Grazer Hütte, Ausflugsziel für Jung und Alt, darüber der Grat zum Preber

WEGBESCHREIBUNG

Erstes Ziel ist die Grazer Hütte auf rund 1900 m Höhe. Von der Klausnerberg-Säge am Beginn des Rantengrabens zieht die Markierung nach links in den Wald und gleich einmal steiler aufwärts. Oberhalb des Fieglerliftes steigt man gleichmäßig gegen den Fieglerberg an und erreicht die Hütte mit ihrer fantastischen Aussicht und den Almrauschfeldern (Blüte Ende Juni).

Der leichteste Anstieg führt von der Preberseestraße auf der Zufahrt zur Grazer Hütte oder als Abkürzung auf dem Steig mit Wegnummer 787. Das ist der kürzeste und bequemste Anstieg zur Hütte. Als Familienausflug ist die Hütte ein wunderbares Ziel.

Zum Prebergipfel folgt man einfach dem Kammverlauf (er bildet die Grenze zwischen Salzburg und Steiermark) an dessen rechter Kante bis zum höchsten Punkt. Dabei werden bis zur Rossscharte immer neue Grataufschwünge erstiegen. Aus der Scharte plagt man sich etwas auf dem steilen, schottrigen und teils von Schutt erfüllten Pfad zum Gipfelkreuz. Wie aufgefädelt reihen sich die Tauerngipfel aneinander. Bis zum Großglockner, zur Hochalmspitze, dem Wiesbachhorn usw. reicht die Sicht. Tief unten leuchtet das blaue Wasser des Prebersees und gegenüber zeigen sich die Zacken des Rotecks.

Wer zum Roteck will, der muss zum Mühlbachtörl hinunter oder er steigt durch den Preberkessel gleich dorthin an. Aus dem Törl dann auf den Vorgipfel (Kletterstellen gleich am Anfang, die Versicherungen gibt es nicht mehr!) und über den Grat zum höchsten Punkt (ab Törl 1 Std.). Wie gesagt: nur für wirklich Geübte!

50 Klausnerberg-Säge ca. 1300 m Prebertörl 2194 m bzw. Rantenalm ca. 1600 m Rantentörl 2166 m

Almwanderung für alle zur Möselhütte bzw. zum Rantensee

Prebertal und Rantenalm bieten den Bergwanderern genussreiche Touren ohne Schwierigkeiten. Eventuell kann man mit dem Pkw von der Klausnerberg-Säge noch ein Stück bis zur Wegteilung (gerade Prebergraben, rechts Rantenalm) vor dem Mitterbergkamm fahren. Dort gibt es einen kleinen Parkplatz, von manchen Einheimischen „Bahnhof" genannt.
Wer zur Möselhütte in den Prebergraben geht, der hat sich für den gemütlicheren Weg entschlossen. Zur Rantenalm und zum Rantensee muss man höher hinauf, dafür kommt man auf dem 2005 neu instand gesetzten Fahrweg bis zum See auf 1878 m Höhe.

TOUR AUF EINEN BLICK

Anreise, Karten, Information
Siehe Tour 49.

Wegverlauf/Wegzeiten
Von der Klausnerberg-Säge durch das Prebertal zur Möselhütte (1 ¾ Std.), zum Prebertörl auf Weg 786 (1 ½ Std.). Von der Wegteilung Rantenalm (Weg 792) zum Rantensee (2 ½ Std.), zum Rantentörl (1 Std.).

Charakteristik
Wanderung auf Waldstraße, später Alm, mit leichter Steigung.

Einkehr/Hütten
Möselhütte (Prebertal) und Ebenhandlhütte (Rantenalm), in den Sommerferien bewirtschaftete Almhütten.

Skizze
Siehe Seite 149.

Von der Satteleben blickt man hinunter in das lange Prebertal

Auf der gemütlichen Rantenalm mit dem Blick zum Wiegeneck

WEGBESCHREIBUNG

Zur Möselhütte

Von der Klausnerberg-Säge spaziert man auf der breiten Forststraße durch den Wald taleinwärts mäßig ansteigend bis zur Wegteilung Prebergraben (gerade) und Rantenalm (nach rechts hoch). Dieser Wegcharakter ändert sich auch nicht, sobald man den Prebergraben weitergeht. Neu ist, dass linker Hand die Bergflanken immer steiler gegen den Preber hochziehen und von dieser Seite dem Gipfelaufbau mit zerfurchten Graten, tiefen Karen und Türmen ein ungewohntes Gesicht verleihen. An der Motschibauerhütte und der Klausmotlhütte vorüber erreicht man die grünen Böden um den Lausbichl, auf denen die Rinder weiden. Grasendes Almvieh begleitet uns auch zur Moarhütte, von der durch die Bergflanke des Preberkammes ein guter Pfad lang gezogen talauswärts zur Grazer Hütte hinaufführt (Weg 786, 1 ¼ Std.). Nun bleiben zur Möselhütte nur mehre wenige Minuten.

Zu Rantenalm und Rantensee

Von der Wegteilung zieht die Forststraße im enger werdenden Rantengraben ansteigend höher, überschreitet den Rantenbach und gelangt durch das Weidetor zum Beginn des freier werdenden Tales. Jetzt nach rechts über den Rantenbach und mit Blicken zu Hemmerfeldeck und Gamsleiteck gleichmäßig höher. Sobald die Rantenalm erreicht wird, steht rechts die Ebenhandlhütte (Jausenstation).
Von nun an folgt man dem Fahrweg durch das lange Trogtal mit geringer Steigung einwärts, links vom Mitterbergkamm begleitet, rechts mit interessanter Sicht zum Gamsleiteck, zum Alpleck, nach vor zum Wiegeneck und bereits zum Rantentörl. Da sollte man ein Fernglas mithaben, denn am Gamsleiteck sind fast immer Gämsen zu beobachten.

Sobald die Fahrstraße eine scharfe Rechtskehre macht (Serpentine), kann man auf Wiesenweg zum Rantensee abkürzen. An diesem wunderschönen Platz inmitten der grandiosen Bergwelt der Tauern endet der Familienausflug.

Zwei-Törl-Tour

Wer mit dem Tälerbus auf die Rantenalm fährt, kann zum Rantentörl gehen und dann über den Kamm nach Westen unter der Knarrnspitze zum Prebertörl fortsetzen, um von dort durch das Möselfeld zur Möselhütte abzusteigen, wo der Tälerbus wartet (4 ¼ Std.). Tälerbus Auskunft: 0 35 35/83 34. Eine wunderschöne Runde, die ohne Tälerbus ab „Bahnhof" gut 6 ½ Std. beansprucht. Achtung: Unter der Knarrnspitze ist oft lange im Jahr ein steiles Schneefeld zu überqueren, große Vorsicht geboten (umgehen!). Da gab es 2004 und 2005 schwere Unfälle!

51 Rantensee 1878 m Predigtstuhl 2543 m

Rassige Bergtour, Trittsicherheit gefragt

Zum markanten Predigtstuhl führen Wege aus mehreren Richtungen. Von der Breitlahnhütte über das Hüttkar (siehe Seite 95f), vom Etrachsee über Hubenbauertörl und Hinterkarscharte und vom Rantensee aus. Dieser Weg vom Rantensee ist der kürzeste. Zufahrt mit dem Tälerbus zur Rantenalm.

Eine noch bequemere Variante ist, in Krakauebene einen Schlüssel für das Weidetor ausleihen (Gebühr!) und dann mit dem eigenen Pkw bis vor den

Vom Rantensee zieht der Pfad ins Hinterkar und zum Predigtstuhl

Rantensee hinauffahren. Dort so parken, dass man niemand behindert. Auskunft über Schlüssel für das Weidetor beim Informationsbüro, Tel. 03535/86 06.

WEGBESCHREIBUNG

Knapp vor dem Ende der Almzufahrt fällt rechts ein gewaltiger Felsblock auf, an diesem vorbei beginnt der Aufstieg zum Predigtstuhl. Schon bald zieht der markierte Steig über den Bach, der aus dem Hinterkar herunterschießt, und bringt uns in Kehren hinauf auf das Plateau des Hinterkares mit dem gleichnamigen See in seiner Mitte. Ein herrlicher Almkessel wird da durchschritten, der vom Alpleck, dem felsigen Kamm zur Hinterkarscharte, der Windschnurspitze und dem Wiegeneck umrahmt wird.

Links des Sees überwindet der Steig die nächste Karstufe, man gelangt in das Wiegenkar, wieder

TOUR AUF EINEN BLICK

Anreise, Karten, Einkehr/Hütten, Information
Siehe Tour 50.

Wegverlauf/Wegzeiten
Von der Rantenalm zum Rantensee und über das Hinterkar zum Predigtstuhl (3 Std.).

Charakteristik
Alpine Tour mit Versicherungen am Gipfelaufbau.

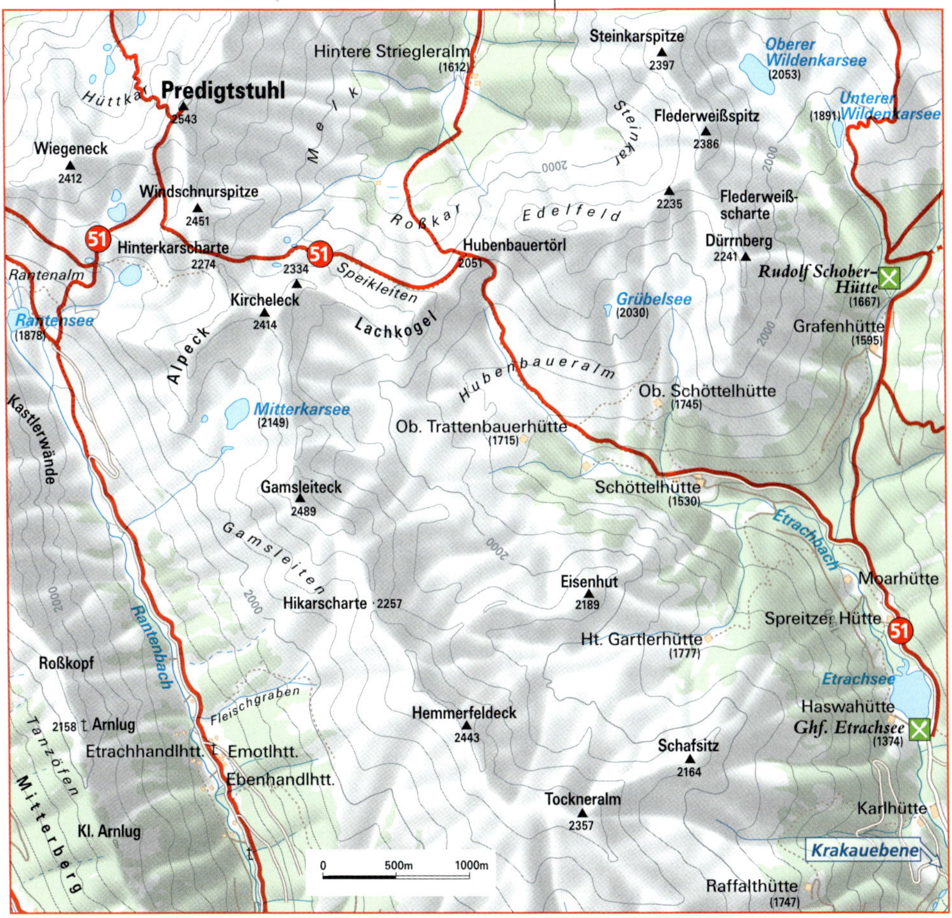

Auf dem felsigen Gipfel des Predigtstuhls

mit kleinem See. Um diesen geht man über viele Steine rechts herum und hält direkt auf den folgenden steilen Rücken zu, über den der mit Schutt erfüllte Steig in Kehren zur Höhe zieht. Dort folgt man dem Grat über Felsplatten nach rechts. Um den felsigen Ausläufer der Windschnurspitze geht es dann nordseitig herum in die Scharte vor dem letzten Gipfelaufbau. Das hier früher vorhandene Sicherungsseil gibt es nicht mehr (Vorsicht bei Eisgraupeln oder Restschnee!). Aus der Scharte wird anhand von Versicherungen das letzte felsige Stück zum Gipfelkreuz erstiegen.

Die Gipfelschau ist sensationell. Umgeben von allen wichtigen Bergen der Schladminger Tauern kann das Gipfelzählen beginnen. Und genau rechts von der Spitze des Kaserecks lugt am Horizont der Großglockner hervor.

Der Abstieg geht zur Rantenalm. Oder man quert unter der Windschnurspitze zur Hinterkarscharte, geht durch die Speikleiten (unter dem Kircheleck) zum Hubenbauertörl und über die breite Hubenbaueralm zum Etrachsee (Tälerbus). Abstiegszeit zum Etrachsee 3 Std.

52 Rudolf-Schober-Hütte 1667 m Wildenkarsee 1891 m Bauleiteck 2424 m

Für alle zur Schutzhütte und zum Wildenkarsee, anspruchsvoller zum Bauleiteck

Die Rudolf-Schober-Hütte wird im Sommer viel besucht. Sie ist das „natürliche" Wanderziel für Familien und gemütliche Berggeher. Da sie auch für alle, die zum traumhaft schönen Wildenkarsee hinauf wollen, eine Zwischenstation darstellt, bekommt sie zusätzlichen Wert. Außerdem muss jeder vorbei, der zum Bauleiteck unterwegs ist, und für die Weitwanderer ist sie die ideale Schutzhütte zwischen zwei langen Etappen.

TOUR AUF EINEN BLICK

Anreise

Von Krakauebene oder Krakaudorf mit Pkw oder Tälerbus zum Etrachsee (Tälerbus, Tel. 03535/83 34).

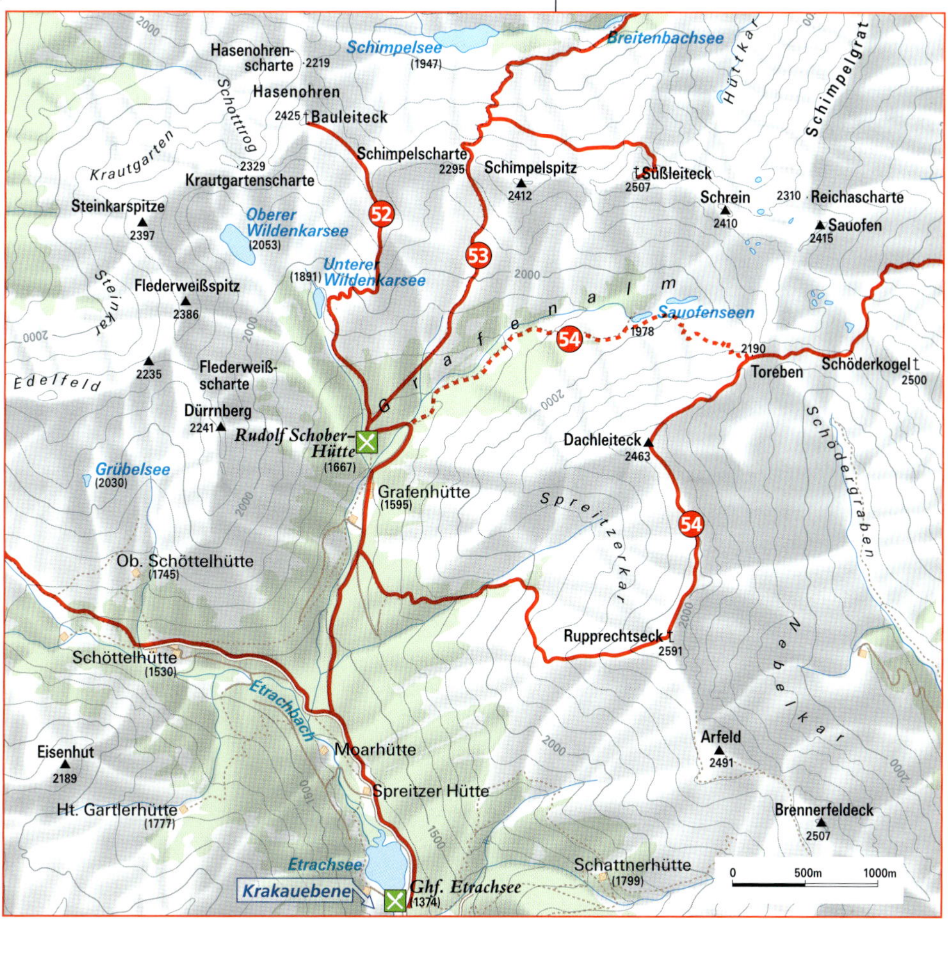

WEGBESCHREIBUNG

Das erste Ziel wird mit dem Auto erreicht: der ruhige, mitten im Wald ruhende Etrachsee (großer Parkplatz). Die Markierung (Weg 794) zieht rechts am See vorbei fast eben zu den Spreitzerhütten (Almboden) mit schönem Blick zum breiten Dürrnberg und dem Bauleiteck im Hintergrund. Ab der Wegteilung zum Hubenbauertörl (nach links) hält man sich rechts und steigt auf der kurz steinigen Forststraße im Wald steiler an. Wer schneller bei der Hütte sein will, der kann dann nach links zum Grafenalmbach hinunter und auf schmalem Pfad zur Hütte abkürzen. Gemütlicher folgt man der Zufahrt an den Grafenhütten vorbei in den hinteren Talboden und dort über den seichten Bach nach links zur gemütlichen Schober-Hütte. Für Familien mit Kindern oder ältere Leute das Ziel. Die Sportlichen werden es sich aber nicht nehmen lassen, durch den lichter werdenden Zirbenwald in rund ½ Std. wenigstens zum Unteren Wildenkarsee anzusteigen. Ein wunderschöner Rastplatz direkt unter dem Bauleiteck.

TOUR AUF EINEN BLICK

Karten
freytag & berndt, Wanderkarte 1:50.000, Blatt 203 (Wölzer Tauern) – Österreichische Karte 1:50.000, Blätter 128 (Gröbming) und 158 (Stadl an der Mur).

Wegverlauf/Wegzeiten
Vom Etrachsee zur Schober-Hütte (1 ¼ Std.), weiter zum Unteren Wildenkarsee (½ Std.) und zum Bauleiteck (1 ½ Std.).
Abstieg bis zum See 2 ¼ Std.

Charakteristik
Waldwanderung auf Forststraße zur Rudolf-Schober-Hütte mitten im Zirbenwald, dann zum herrlichen Bergsee. Über Höhenrücken aussichtsreich zum Gipfel.

Einkehr/Hütten
Rudolf-Schober-Hütte, bewirtschaftet von Anfang Juni bis Anfang Oktober, Betten und Lager,
Tel. 0664/963 26 46.

Information
Informationsbüro Krakauebene,
Tel. 03535/86 06.

Die „Karawane" zieht vom Bauleiteck heimwärts

Dorthin müssen die Bergsteiger. Man geht Richtung See, folgt aber ein Stück vorher dem Pfad nach rechts. Da wird die Sicht auf den langen Bergrücken bis zum Gipfel frei. Gleichzeitig sieht man den einzigen, wirklich steilen Anstieg direkt vor sich. Es geht zuerst noch über viele Steintrümmer drüber, dann in einem Rechtsbogen über Stufen (teils erdig, teils steinig) hinauf zum breiten Kamm. Auf diesem zieht der Steig über mehrere Erhebungen teils über Platten und Blockwerk zum weithin sichtbaren Gipfel.

Interessante Ausblicke lohnen die Mühe: nach Osten zur Schimpelspitze, zum Süßleiteck, dem Rupprechtseck, dem Deneck, um nur einige zu nennen. Und ganz mächtig zeigen sich die Steinkarspitze und die Flederweißspitze, die den Kessel mit den beiden Wildenkarseen rahmen. Zurück schauend zeigt sich das ganze Etrachtal mit dem Etrachsee. Die beiden Sauofenseen und der Schimpelsee lassen an weitere Touren denken.

53 Rudolf-Schober-Hütte 1667 m Schimpelscharte 2273 m Süßleiteck 2507 m

Gipfeltour mit leichter Kletterei

TOUR AUF EINEN BLICK

Anreise, Karten, Einkehr, Information
Siehe Tour 52.

Wegverlauf/Wegzeiten
Von der Schober-Hütte zur Schimpelscharte (1 ½ Std.), kurzer Abstieg und steil aufwärts zum Süßleiteck (1 ½ Std.). Rückweg gleich.

Charakteristik
Ordentliche Bergtour für Geübte mit prächtiger Aussicht.

Skizze
Siehe Seite 157.

Trockenes Wetter und schneefreie Flanken sind die Voraussetzungen für den Anstieg zum Süßleiteck. Vor allem die Rasen, die direkt zum Gipfel leiten, sollten nicht nass sein. Übernachtet man nicht auf der Rudolf-Schober-Hütte, dann muss man vom Etrachsee und zurück mit mindestens 7 bis 8 Std. reiner Gehzeit rechnen. Und rund 1140 m macht der Höhenunterschied vom Etrachsee aus, es ist auch Kondition gefragt. Dafür belohnt das Gipfelerlebnis mit dem Wissen, einen nicht ganz einfachen, aber tollen Berg geschafft zu haben.

Die markante Spitze des Süßleitecks links

WEGBESCHREIBUNG

Zur Rudolf-Schober-Hütte wie oben beschrieben, auf dem Weg zum Bauleiteck, bis sich dieser nach links wendet. Unser Weg zieht durch den immer lichteren Wald nach rechts, dann über die grasbewachsenen Hänge unter der Schimpelspitze schräg höher. Bei einem Marterl sind ziemlich genau 2000 m Höhe geschafft. Der Steig wird jetzt immer steiniger, bis er die Schimpelscharte erreicht. Ein Platz mit interessantem Blick hinunter Richtung St. Nikolai mit dem nahen Schimpelsee und dem kleinen Breitenbachsee. Nach Westen zieht der zerrissene Felsgrat zum Bauleiteck aufwärts, während rechts die Hasenohren hervorlugen.

Der Aufstieg zum Süßleiteck führt von der Scharte zunächst rund 100 Höhenmeter im Schuttkar abwärts, bis ein Hinweis die Richtung zum Süßleiteck nach rechts angibt (teilweise gelbe Farbpunkte). Nun quert man durch das „steinreiche“ Kar auf den Nordgrat des Berges zu, steigt in eine Scharte hinauf und jenseits abwärts. Dabei helfen Versicherungen. Man muss auf die südliche Seite des Gipfelaufbaues und erreicht von dort über die steile, rasendurchsetzte Bergflanke in westlicher Richtung den aussichtsreichen Gipfel. Vor allem die Einblicke in die großen Kare um den Schrein, den Sauofen, das Dachleiteck usw. begeistern genauso wie der lange Abstieg über den Schimpelrücken zum Hohensee und das Bräualmbachtal auswärts bis St. Nikolai. Ein Zustieg der auf Seite 178 beschrieben wird.

54 Rudolf-Schober-Hütte 1667 m Sauofenseen 1978 m Rupprechtseck 2591 m

Zu den Sauofenseen für alle. Wenig begangen, aber lohnend

TOUR AUF EINEN BLICK

Anreise, Karten, Einkehr, Information
Siehe Tour 52.

Wegverlauf/Wegzeiten
Von der Rudolf-Schober-Hütte zu den Sauofenseen (1 Std.), weiter nach rechts und ohne Weg steil zur Toreben, dann über den Grat zum Rupprechtseck (2 Std.).

Charakteristik
Für alle gemütlich zu den Sauofenseen, zum Rupprechtseck Trittsicherheit erforderlich.

Skizze
Siehe Seite 157.

Eines vorausgeschickt: Markierung gibt es bis zur Toreben keine. Um die beiden Sauofenseen breitet sich eine wunderschöne Alm aus, der Weg dorthin kann nicht verfehlt werden. Dann allerdings wird es schwieriger. Denn nur einzelne Steinmännchen geben die Richtung an, in der man zur Toreben kommt. Da ist „Pfadfinder-Qualität" gefragt, und außerdem muss man trittsicher sein. Welchen Abstieg man vom Rupprechtseck wählt, hängt von der Kondition bzw. dem Tagesziel ab.

WEGBESCHREIBUNG

Vom Etrachsee folgt man der Forststraße zur Rudolf-Schober-Hütte. Nach den Grafenhütten steigt die Straße noch etwas an, und ca. 30 m vor dem Bach (er entwässert den Sauofensee), über den man drüber muss, um nach links zur Schutzhütte zu gelangen, geht man einfach nach rechts in den Wald ein Stück aufwärts. Sofort entdeckt man einen Pfad, der im schattigen Wald nach oben führt. Manchmal ziemlich nass (es rinnen mehrere Wasser herunter), dann wieder steinig gestuft; aber so sind sie eben, die Vieh-Auftriebswege zu den Almen.

Der lange Kamm von der Dorferalm bis zum Rupprechtseck

Beim Sauofensee mit Blick zum Schrein

An die 250 Höhenmeter gilt es zu überwinden, dann lichtet sich der Wald, man kommt auf die geschwungenen Almböden hinauf, auf denen sich breite Latschenflecken über die Geländestufen ausbreiten. Überaus einladend ruht der untere Sauofensee in einer Rasenmulde, während von der Schimpelspitze, vom Süßleiteck und vom Schrein gewaltige Rinnen und steile Kare herniederbrechen. Nichts stört die Einsamkeit der Alm und der beiden Seen. Für die Familientour ist das genussvolle Ziel erreicht.
Weiter geht es komplizierter. Man folgt kurz einem erkennbaren Steig rechts am unteren See vorbei, aber nicht auf den Schrein zu (oberhalb des zweiten Sees), sondern rechts haltend über Geröll, Gesteinstrümmer und Rasen aufwärts zum Kamm, der zum Dachleiteck zieht. Einzelne Steinmännchen (nicht leicht zu entdecken!) geben die Richtung an, doch den Weg muss sich jeder im immer steiler werdenden Gelände selbst suchen. Ein fester Tritt ist hier im lockeren Hang unbedingt notwendig.
Von der Toreben (Übergang ins Katschtal) zieht die Markierung nach rechts über das Dachleiteck zum Rupprechtseck. Wie gesagt, nur für Geübte.
Der direkte Abstieg (gut markiert, Weg 796) benützt die linke (südliche) Begrenzung des Spreitzerkares über Schutt und viele Gesteinsbrocken rund 500 Höhenmeter steil hinab zum Wald und durch diesen zur Zufahrtsstraße unter den Grafenhütten. Jetzt entweder zur Schutzhütte hinauf oder zum Etrachsee abwärts. Eine Tour, die neben Erfahrung auch Kondition verlangt.
Für „Konditionswunder“ böte sich auch der lange Weg über die Höhen (Brennerfeldeck, Feldeck, Trübeck, Dorferalm) nach Krakaudorf an (4 Std.).

IV. Touren von der Sölkpassstraße ausgehend

55 Schöderberg 1236 m Feldkögerl 1973 m Karleck 2371 m

Wetterkreuze zeugen vom bodenständigen Glauben

TOUR AUF EINEN BLICK

Anreise
Von Schöder auf der Straße Richtung Sölkpass, dann westwärts hinauf nach Schöderberg und zum Gasthaus Gangl (2,5 km von der Abzweigung).

Karten
freytag & berndt, Wanderkarte 1:50.000, WK 203 (Gröbming) – Österreichische Karte 1:50.000, Blätter 158 (Stadl an der Mur) und 159 (Murau).

Das Feldkögerl ist Ziel einer Bergtour für alle, es kann aber auch der erste Gipfel einer großen Überschreitung sein. Zum Karleck und zum Schöderer Eisenhut führt nämlich ein luftiger und aussichtsreicher Steig über die lange Gratschneide. Vom Eisenhut zieht der Steig dann sehr steil hinunter in den Großen Boden oberhalb der Zwieflerseen und ins Katschtal zur Kreutzerhütte. Von dort geht es mit dem Tälerbus zurück nach Schöder. Die Überschreitung bleibt aber den Geübten vorbehalten.

„Wetteramt" auf dem Feldkögerl

Doch auch das leichte Feldkögerl allein ist einen Aufstieg (unterwegs immer wieder Wetterkreuze) wert. Vor allem, wenn die Enziane und der Almrausch blühen und wenn der Duft des Speiks über den Gipfelwiesen liegt.

WEGBESCHREIBUNG

Beim Gasthaus Gangl beginnt der Anstieg (außer man ist bereits von Schöder herauf gekommen). Oberhalb des Hauses Bischof geht man dem Wald entgegen und entdeckt nach einem Überstieg, dass rund 750 Höhenmeter bezwungen werden wollen. Denn nach der ersten Fortstraße zieht der Waldweg steil nach oben zur Hoisenbauerhütte (unterwegs mehrere Überstiege). Genauso steil geht es im Wald weiter, bis eine offene Almhalt erreicht ist, die nach rechts zum Greim hinüberblicken lässt, die ersten Wetterkreuze stehen am Weg. Zum Gangleck wird der Pfad gemütlicher, immer wieder stehen auch im Wald Wetterkreuze, während der Weg flach zu einer breiten Forststraße führt, der man nach rechts kurz abwärts folgt. Dabei zeigt sich über den Baumwipfeln zum ersten

TOUR AUF EINEN BLICK

Wegverlauf/Wegzeiten
Von Schöderberg auf Weg 798 durch Wald zum Feldkögerl (2 ½ Std.), dann über den langen, freien Kamm zum Karleck (1 ¼ Std.).

Charakteristik
Erst Waldwege, dann aussichtsreiche Almen ab Feldkögerl.

Einkehr/Hütten
Gasthaus Gangl und Gästehaus Bischof in Schöderberg, Zufahrt privat, Bahnabholung möglich, Tel. 03536/76 44.

Information
Tourismusverband St. Peter – Schöder, Tel. 03536/84 79.

Mal die Rasenkuppe des Feldkögerls.
An privater Hütte mit Bründl (letztes Wasser) vorbei zieht der Weg noch ein Stück zu einer nassen Wiese abwärts, um dann im letzten Waldstück noch einmal steiler zu den freien Rasenböden anzusteigen. Dort weiden knapp unter 2000 m Höhe noch Rinder und Pferde. Das große Wetterkreuz und dahinter die „Gipfelstange" markieren den höchsten Punkt. Beeindruckende Sicht zu den langen südgerichteten Bergkämmen der Tauern: im Westen zum Grat vom Rupprechtseck bis zur Dorferalm, im Osten zum Kamm vom Ameiskopf zur Aarfeldspitze, mit dem Greim dahinter.

Karleck und Eisenhut-Überschreitung

Nach Norden setzt der Steig (großartige Aussicht) zum Karleck fort. Dabei quert man vom Wetterkreuz nach rechts um die Gipfelkuppe herum und gelangt über das Rennfeld zum steileren Anstieg (Rasenkamm) zur Speyereben. Dann warten noch rund 100 Höhenmeter zum Karleck. Zum Schöderberg über das Feldkögerl zurück.
Wer den Eisenhut überschreiten will, darf nicht zu früh im Jahr unterwegs sein. Der Abstieg zum Zwieflersee ist im oberen Teil sehr steil und hat lange Zeit ein gefährliches Restschneefeld.
Für den Weg Eisenhut – Kreutzerhütte siehe Seite 169.

Auch die Pferde freuen sich über den Besuch auf ca. 2000 m Höhe

56 Kreutzerhütte 1378 m Unterer Zwieflersee 1809 m Eisenhut 2456 m

Lieblich zum Zwieflersee, ausgesetzt am Eisenhut

Zwei Elemente bestimmen bei dieser Tour das Besondere: das Wasser und die „urige" Almlandschaft um die Zwieflerseen. Schon um die Gastlalm (in der Nähe der Hütte) gluckst, rauscht, sprudelt es. Auch von der Geländestufe der Zwiefleralm schießen die Wasser herunter und werden vom Wind in feinen Staubfahnen vertragen. Beim Zwieflersee ist die alpine Flora eine einzige Einladung, sich der zauberhaften Umgebung anzuvertrauen. Latschen, Zirben und einzelne Föhren biegen sich im Wind, während der Pfad über die Buckeln mit dem Almrauschkraut zum Oberen See inmitten der Zweitausender führt. Nur die Sportlichen müssen zum Höchsten, dem Eisenhut.

WEGBESCHREIBUNG

Rund 300 m unter der Kreutzerhütte ist ein kleiner Parkplatz an der Passstraße. Da beginnt der Anstieg, denn gegenüber leitet die rote Markierung kurz zum gischtenden Bach, über ihn drüber und zu einer Almhütte hinauf. Das nächste Wegstück benützt die Forststraße, bis der Steig nach rechts in den Wald steiler hochzieht. Bei der ehemaligen Gastlhütte wird man erstmals mit dem Element Wasser konfrontiert, es rauscht und rinnt über die Waldböden. Dann wartet ein ordentlicher Aufschwung, man wandert auf gutem Weg zwischen Almrauschsträuchern und Zirben höher, bis man auf den Boden mit dem eindrucksvollen Unteren Zwieflersee hinaustreten kann. Rund um den See laden herrliche Böden mit viel Almrausch (Blüte Ende Juni), Latschen, Zirben und Föhren zur Rast ein.
Am See links vorbei und leicht ansteigend kann man nun dem Pfad um den See herum zum Oberen

TOUR AUF EINEN BLICK

Anreise
Von St. Peter am Kammersberg zu Parkplatz knapp unter der Kreutzerhütte, auch Tälerbus möglich.
Auskunft, Tel. 03536/84 79.

Karten
Siehe Tour 55.

Wegverlauf/Wegzeiten
Von der Kreutzerhütte zum Unteren Zwieflersee (Weg 798) und zum Eisenhut (4 Std.). Abstieg 2 ½ Std.

Charakteristik
Wald- und Almwanderung zum Zwieflersee, dann alpine Tour für Geübte.

Einkehr /Hütten
Alpengasthof Kreutzerhütte (Familie Simbürger), bewirtschaftet von Mai bis Oktober, Tel. 03536/82 26 oder 0676/92 45 434.

Information
Tourismusverband St. Peter – Schöder, Tel. 03536/84 79.

Vom Unteren Zwieflersee zieht der Steig über den Großen Boden zum Eisenhut

See folgen (rund 100 Höhenmeter Anstieg), dort herrscht absolute Bergeinsamkeit.

Wer zum Eisenhut will, der folgt nach dem Unteren Zwieflersee dem Steig leicht links in den Großen Boden aufwärts und aus diesem wirklich steil hinauf zum Sattel zwischen dem Eisenhut und dem Sulzkogel. Wenn hier im späten Frühjahr die große Schneezunge noch fast bis zum See herunter reicht, dann als Wanderer den Anstieg meiden. Für die Firngleiter/Kurzschifahrer bietet diese Steilflanke ein besonderes Erlebnis (nur für Könner!). Aus dem genannten Sattel leitet ein Felssteig etwas ausgesetzt zum Gipfel (bei Nässe aufpassen). Der Gipfel bietet dafür eine umfassende Sicht in die Schladminger und Wölzer Tauern.

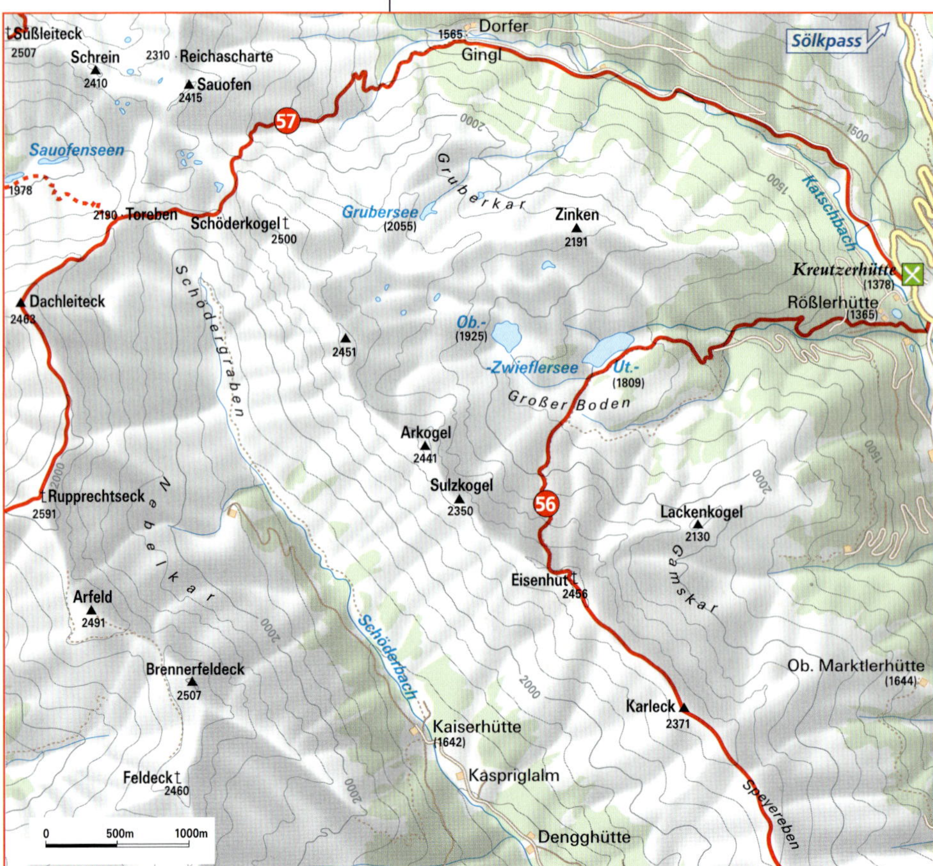

57 Kreutzerhütte 1378 m Toreben ca. 2200 m Dachleiteck 2463 m

Vom Katschtal ins Etrachtal der Krakau

TOUR AUF EINEN BLICK

Anreise, Karten, Einkehr/Hütten, Information
Siehe Tour 56.

Wegverlauf/Wegzeiten
Von der Kreutzerhütte auf Weg 797 das Katschtal einwärts und hinauf zur Toreben (3 Std.), weiter auf das Dachleiteck (¾ Std.). Abstieg 2 ½ Std.

Charakteristik
Einsame Wald- und Almwanderung mit steilerem Anstieg zur Toreben.

Skizze
Siehe Seite 170.

Der Sölkpass war schon ein Alpenübergang der Römer. Im Mittelalter führte nur ein Saumpfad für Tragtiere aus dem Murtal über den Pass ins Ennstal. Bis ins 18. Jahrhundert trugen Sölker Bauern und Keuschler als Säumer die Lasten zu Fuß. Der Übergang diente dem Salztransport von Aussee in den Süden, zurück brachte man Wein, Getreide und Alltagswaren. Um 1750 wurde eine schmale Bergstraße gebaut, auf der noch in der Zwischenkriegszeit (Erster und Zweiter Weltkrieg) Viehhändler aus Oberösterreich Tiere aus Schöder, Ranten und der Krakau-Hochebene nach Vöcklabruck trieben. Erst seit 1964 gibt es die ausgebaute Autostraße über den Sölkpass. Die Bergeinsamkeit ist aber trotzdem geblieben, das zeigt auch der Weg zur Toreben.

Von der Moseralm zum Talschluss mit dem Schimpelgrat

WEGBESCHREIBUNG

Von der Kreutzerhütte geht es ein Stück auf der Sölkpassstraße aufwärts, dann weist eine Tafel links ins Katschtal. Die Angabe „Toreben, Schödergraben, Günsterwasserfall, Nr. 797“ bestätigt den richtigen Weg.

Auf der Forststraße wandert man in das vorerst ziemlich breite Trogtal einwärts, weidende Rinder beleben die Wiesen. Das Tal wird enger, zwischendurch steigt die Straße etwas an und der Wald spendet Schatten, bis sich der Talboden bei der Moseralm wieder weitet und Blicke zu den Felszacken des Schimpelgrates freigibt. Als mächtiger Almberg mit breitem Rücken zieht die Dürrmooshöhe rechter Hand zum blauen Himmel.

Man folgt der Straße bis in den hinteren Talgrund, dann aber *nicht* nach rechts über die Brücke (wie man vermuten würde!), sondern man bleibt diesseits (links) des Baches und folgt den erkennbaren Wegspuren (Markierung ist alt und schlecht) durch Almrauschflecken auf den Schöderkogel zu. Über Wiesen, zwischen Steinblöcken und viel Almrausch (Ende Juni) führt der nun wieder deutlichere Pfad höher, überquert den Bach und zieht in der Folge die Bergflanke unter dem Saufen in weiten Kehren hoch. Im Kessel zwischen Saufen und Schöderkogel halten die roten Farbmarken dann auf Letzteren zu, drehen auf ca. 2200 m nach links an kleinen Seen vorüber auf die Westseite des Schöderkogels und von dort im Rechtsbogen zur Toreben (knapp vorher Abzweigung nach links in den langen Schödergraben).

Beim Abstieg von der Toreben

Von der Toreben (Ausblicke zu den Saufenseen, zum Süßleiteck, dem Schrein usw.) steigt man auf dem felsigen Rücken zum Dachleiteck an. Sehr einsame Tour.

58 Sölkpass 1788 m Nageleck 2155 m Deneck 2433 m

Gipfel über zauberhaften Seen

TOUR AUF EINEN BLICK

Anreise
Mit Pkw oder Tälerbus zum Sölkpass bzw. zur Kaltenbachalm. Tälerbusauskunft in St. Peter am Kammersberg, Tel. 03536/84 79; in Fleiß bietet Fa. Mayer Tälerbus an, Tel. 0676/540 98 58.

Karten
freytag & berndt, Wanderkarte 1:50.000, WK 203 (Gröbming) – Österreichische Karte 1:50.000, Blatt 128 (Gröbming).

Der einfache Weg zum Deneck führt von der Kaltenbachalm über die beiden Seen zur Schafspitze und zum Deneck. Das ist der „normale" Anstieg, der bis zum Oberen Kaltenbachsee sehr viel begangen wird.

Die einsame Alternative ist der Weg über das Nageleck. Ein Weg mit brauchbarem Steig, der aber beim Nageleck unbedingt Trittsicherheit verlangt. Eine interessante Runde ist der Aufstieg über das Nageleck und der Abstieg über die Seen zur Kaltenbachalm.

Kurze Rast auf dem Nageleck

Bild auf den Seiten 172/173: Das Deneck, ganz im Osten der Schladminger Tauern

Von der Schafspitze führt der Steig über den Kamm zum Deneck

WEGBESCHREIBUNG

Gleich hinter der Kapelle auf der Passhöhe ziehen mehrere Steigspuren in Windungen zum Nageleck hoch. Das ist die Charakteristik dieses Wegteils: steil nach oben! Es geht ziemlich direkt hinauf. Nach gut 45 min. ist der erste Gipfel geschafft, von dem man bereits herrliche Ausblicke hinüber zu den Wölzer Tauern genießt: zu Hornfeldspitze, Aarfeldspitze, Hochstubofen usw.
Westwärts folgt man dem Grat weiter, steigt kurz etwas ab und kommt auf den westlichen „Vorgipfel". Dabei sollte man vorsichtig sein, teilweise ausgesetzt.
Vom Westgipfel folgt man dem langen Grat hinab

TOUR AUF EINEN BLICK

Wegverlauf/Wegzeiten
Von der Passhöhe zum Nageleck (1 Std.) und über die Etrachböden zum Deneck (2 Std.).
Alternativ: Von der Kaltenbachalm zum Deneck (2 ½ Std.). Abstieg 2 Std.

Charakteristik
Steilanstieg und Höhenwanderung vom Sölkpass; von der Kaltenbachalm an den Seen vorbei „lebhafter".

Einkehr/Hütten
Kaltenbachalm, im Sommer bewirtschaftete Jausenstation.

Beim Abstieg: Blick auf den Unteren Kaltenbachsee und die Sölkpassstraße

zu den Etrachböden. Es geht über Blockwerk drüber, manchmal kann man die Blöcke auf Steigspuren seitlich umgehen. Schließlich wird ein Wiesensattel erreicht, von dem die Etrachböden gegen Westen ansteigen. Man geht auf die Plateauhöhe hinauf, wo sich die weiten Wiesenflächen ausbreiten. Da wählt jeder seinen Weg über den weichen Rasenboden und hält auf die Schafspitze zu. Man braucht sie aber nicht zu überschreiten, sondern quert an der Westflanke in den Sattel, aus dem der letzte Anstieg zum Deneck sehr steil aussieht. Was er aber gar nicht ist. Ein guter Pfad führt zum Gipfel mit großartiger Gipfelschau in die Schladminger Tauern westlich, die Wölzer Tauern im Osten und hinunter ins Große Sölktal.

Zum Abstieg geht man über die Schafspitze drüber und dann gleich nach links steiler hinab zum eher unbedeutenden Obersten See, dann zum Oberen Kaltenbachsee (schöner Blick zur Passstraße und den kurzen Kehren der alten Römerstraße, zwischen den Serpentinen der heutigen Autostraße erkennbar). Vom Oberen See über die Weideböden zum Unteren See und zur Kaltenbachalm.

59 St. Nikolai/Sölktal 1127 m Hohensee 1543 m Süßleiteck 2507 m

Familienausflug zum Hohensee, lange Bergtour zum Süßleiteck

TOUR AUF EINEN BLICK

Anreise
Mit Pkw oder Tälerbus nach St. Nikolai. Tälerbusauskunft, Tel. 0676/540 98 58.

Karten
Siehe Tour 58.

Wegverlauf/Wegzeiten
Von St. Nikolai zum Hohensee (Weg 702, 2 Std.), weiter zum Süßleiteck (3 Std.).

Charakteristik
Schöne Tal- und Bergwanderung zum Hohensee, dann anstrengende Tour.

Einkehr/Hütten
Gasthaus Gamsjäger in St. Nikolai, ganzjährig, Übernachtungsmöglichkeit, Tel. 03689/210.

Information
Naturparkbüro Sölktäler, Stein an der Enns, Tel. 03685/231 80.

Skizze
Siehe Seite 174.

Am Weg zum Hohensee durchschreitet man das Tal des Bräualmbaches, in dem der Wasserschaupfad Bräualm eingerichtet wurde. Der Schaupfad zeigt anhand von Info-Tafeln die Vielfalt und die Besonderheiten des Wassers in den Sölktälern. Die Flora und Fauna (Fische, wichtige Heilkräuter am Wegrand samt deren Anwendung bei Kneippkuren) werden ebenso beschrieben und die Entstehung des Sölktales seit der letzten Eiszeit wird dargestellt. Für die Familienwanderung ist da viel Interessantes am Weg bis zum großen Wasserfall beim Kreuzsteg zu erleben.

WEGBESCHREIBUNG

Das Fahrzeug bleibt auf dem Parkplatz in der Nähe des Gasthauses Gamsjäger, und mit der Nummer 702 folgt man der Fahrstraße an der Kirche und den letzten Häusern vorbei ins Bräualmtal. Der Bach rauscht an der Seite, saftige Wiesen dehnen sich bis zu den Wäldern hoch, einige Almhütten und das Bimmeln der Kuhglocken machen Urlaubsstimmung. Ein schönes Marterl erinnert an einen tragischen Todesfall – so schreitet man leicht ansteigend dahin. Nördlich von den Wiesen der Bräualm hebt sich rechts die Gipfelpyramide des Großen Knallsteins über den Wäldern zum Himmel, während im Talschluss linker Hand schon von weitem der mächtige Wasserfall sichtbar wird.
Dort geht man über den Kreuzsteg und im folgenden Wald auf schön angelegtem Serpentinenweg aufwärts zur Geländestufe mit dem Hohensee. Im Sommer kann man sich bei der Hohenseealm-Hütte jetzt auch laben, früher musste man alles selbst mithaben (Auskunft einholen beim Gamsjä-

ger). Ein wunderschöner Platz mit dem See in der Mulde und den steil aufragenden Gipfeln, vor allem mit dem Schimpelrücken und dem Süßleiteck.
Zum Süßleiteck muss man um den See rechts herum und macht auch gleich die Erfahrung, dass es hier sehr nass sein kann. Der Wasserfall, der den Schwarzensee entwässert, bringt viel Wasser mit, der Boden ist oft entsprechend quatschig (2005 sehr arg). Genauso nass geht es über die Krautstufe im steilen Schimpelrücken höher, bis man zum kleinen Breitenbachsee kommt, der oft mit dem Schimpelsee verwechselt wird. Jetzt noch hinauf zur Wegteilung unter der Schimpelscharte.
Man folgt dem Steig durch das Kar nach links zum Nordgrat des Süßleitecks, muss dort in eine Scharte hinauf und jenseits wieder hinunter. Es helfen Versicherungen. Dann zieht der Steig gegen Süden und mit einer Drehung nach rechts über den steilen rasendurchsetzten Rücken wird der Gipfel des Süßleitecks erstiegen.
Der Abstieg zurück nach St. Nikolai darf nicht unterschätzt werden, kürzer ist der zur Rudolf-Schober-Hütte (siehe Seite 160).

Der große Wasserfall beim Kreuzsteg

Rechts am Hohensee vorbei zieht der Weg über den Schimpelrücken zum Süßleiteck

60 St. Nikolai/Sölktal 1127 m
Großer Knallstein 2599 m

Ein Weg, den man nicht unterschätzen sollte

TOUR AUF EINEN BLICK

Anreise, Karten, Einkehr/Hütten, Information
Siehe Tour 59.

Wegverlauf/Wegzeiten
Von St. Nikolai zur Kaltherbergalm (Weg 791, 1 ½ Std.), weiter über die Klafterseen zum Großen Knallstein (3 Std.). Mit dem Abstieg mindestens 7 ½ Std.

Charakteristik
Langer, steiler Weg zum Gipfel. Landschaftlich großartig ab Klafterseen.

Skizze
Siehe Seite 174.

Der Knallstein ist ein einsamer Riese ganz im Osten der Schladminger Tauern. Von St. Nikolai bis zur Spitze sind es fast 1500 Höhenmeter. Unterwegs erlebt man die typische Tauernlandschaft: Hochwälder, grüne Almen, Almrauschbuschen neben den Wegen und im Gelände, zauberhafte Bergseen und ein steiniger Gipfel, von dem Kare und Grate steil nach unten ziehen. Die Freunde einsamer Wege, die lange Anstiege schätzen und sich gerne irgendwo auf einer Almwiese oder am Seeufer oder an der verwitterten Holzwand einer Hütte niederlassen, die sind es, die zum Großen Knallstein aufbrechen.

WEGBESCHREIBUNG

Von St. Nikolai an der Kirche vorbei und zum Beginn des Bräualmtales. Dann aber nach rechts

Am frühen Morgen über dem Bräualmbachtal

auf der Forststraße ansteigend weiter mit schönem Blick zum Wasserfall beim Kreuzsteg, zum Süßleiteck und vor allem zum mächtigen runden Steinrinneck. Nach ca. 2 km weist die Markierung nach rechts in den Wald. Ein guter Steig zieht durch den Hochwald höher, Forststraßen werden gekreuzt und schon bald gibt es die ersten Ausblicke zum Knallstein.

Bei der Kaltherbergalm lichtet sich der Wald, die meist versperrte Hütte bietet ein Bankerl an und ein gutes Bründl spendet frisches Wasser.

Man setzt auf dem sehr nassen, vom Vieh vertretenen Almboden fort, geht über den Bach nordwärts zu den Resten verfallener Almhütten. Dort wendet sich der Steig scharf nach links und zieht vorerst im lockeren Wald hoch, dann in kurzen Serpentinen und schließlich über viele Stufen steil nach oben. Sobald es flacher wird, ruht der Untere Klaftersee in seinem Kessel (schöner Platz).

Links des Baches, der vom Oberen Klaftersee herunterschießt, steigt man relativ schnell höher. Mit dem folgenden Aufschwung (wieder 200 Höhenmeter) kann man auf den Weißensee und den Ahornsee hinunterblicken. Danach wendet sich der Steig nach rechts direkt dem Gipfel zu und führt nach einem flacheren Wegstück die letzten 300 Höhenmeter wieder ordentlich steil, über Schotter und Geröll, zum Vorgipfel und zum höchsten Punkt mit dem Gipfelkreuz. Das Gipfelerlebnis am Großen Knallstein ist ein Schwelgen in der Betrachtung unzähliger Berghäupter in den Schladminger und Wölzer Tauern.

Beim Klaftersee, der Knallstein ist nebelverhüllt

Vom Radstädter Tauernpass zum Sölkpass

Der große Weg durch die gesamten Schladminger Tauern

Der Weg durch die Schladminger Tauern ist überaus eindrucksvoll, man kann ihn in mehreren Tagesetappen gehen. Darum wird hier die gesamte Strecke kurz angegeben, mit allen Hütten und Übernachtungsmöglichkeiten unterwegs. Wie weit man an einem Tag geht, das bleibt jedem überlassen. Es hängt auch davon ab, wie viele Gipfel man unterwegs besteigen will. Die

Wie in einer Fjordlandschaft liegt der Giglachsee vor der Lungauer Kalkspitze

Fantasie und die Planung werden in keiner Weise eingeschränkt. Im Großen und Ganzen folgt man dem Zentralalpenweg mit der Nummer 702, doch gibt es ab dem Klafferkessel zur Rudolf-Schober-Hütte eine echte Alternative, die hier zusätzlich beschrieben wird. Da man auf diesem langen Weg meist Teile der ausführlich beschriebenen Touren dieses Buches benützt, wird auf diese hingewiesen.

WEGBESCHREIBUNG

Von **Obertauern** folgt man dem Weg aufwärts zum Seekarhaus und in Serpentinen zur Seekarscharte. Dann geht es über die Höhen, an mehreren Lacken vorbei, über die blühenden Almböden zum Oberhüttensee und zur **Oberhütte am See** (2 ½ Std., ausführlich siehe Tour 2, in Gegenrichtung beschrieben). Von der Oberhütte zieht die Markierung steil hinauf zur Ahkarscharte (mögliche Besteigung der beiden Kalkspitzen, 1 ½ Std. zusätzlich), dann abwärts zum Znachsattel mit herrlichen Ausblicken zum Giglachsee und den Bergen des Vetternkares. Vom Znachsattel zur Giglachseehütte und zur **Ignaz-Mattis-Hütte** (2 ½ Std., ausführlich siehe Tour 38).

Auf der Hubenbaueralm

Man setzt von der Ignaz-Mattis-Hütte über das Vetternkar steil zur Rotmandlspitze fort und erreicht über die Krukeckscharte steil absteigend die **Keinprechthütte** (3 ½ Std., ausführlich siehe Tour 7).
Von dieser zieht der Steig in langer Querung unter dem Pietrach zur Trockenbrotscharte mit dem ersten Blick zur mächtigen Westwand des Hochgollings und hinab zur **Landawirseehütte** (2 ½ Std., ausführlich siehe Tour 8).

Weiter geht es über den Höhenweg im Göriachwinkel zur Gollingscharte, eventuell Anstieg zum Hochgolling (höchster Berg der Schladminger Tauern, 2 ¾ Std. zusätzlich), und steil hinunter zur **Gollinghütte** (3 Std., ausführlich siehe Tour 8).
Die Gollinghütte ist Ausgangspunkt für die folgende Überschreitung des Klafferkessels. Es geht steil aufwärts zum Greifenberg (1000 Höhenmeter) über dem Klafferkessel. Durch diesen führt der Weg 702 dann abwärts zur **Preintalerhütte** (5 ½ Std., ausführlich siehe Tour 10).
Jetzt muss man auf dem Weg 702 wieder steil hinauf in die mit Felstrümmern erfüllte Trattenscharte (über den Südgrat Auf- und Abstieg zur Hochwildstelle für Geübte möglich, 1 ¼ Std. zusätzlich), dann nach rechts zu den zauberhaften Goldlacken abwärts und in Hangquerung unter dem Großen Schareck über die Karlkirchen und die Lassachalm zur **Breitlahnhütte** (5 Std., ausführlich siehe Tour 24, dort in umgekehrter Gehrichtung).
Und wieder heißt es relativ hoch hinauf. Man folgt der Markierung über die Neualm zum Rantentörl,

quert dort über dem Hinterkarsee zur Hinterkarscharte und durch die Speikleiten hinüber zum Hubenbauertörl. Von diesem über die weiten Almböden zur Schöttlhütte und durch Wald zur **Rudolf-Schober-Hütte** (5 Std., ausführlich siehe Tour 26).
Mit der letzten Etappe von der Rudolf-Schober-Hütte über die Schimpelscharte und abwärts zum Hohensee gelangt man ins Bräualmtal und durch dieses auswärts nach **St. Nikolai im Sölktal** (4 ½ Std., zur Schimpelscharte siehe Tour 52, ins Sölktal siehe Tour 58 in umgekehrter Richtung). Der lange Weg ist geschafft.

Alternativ vom Klafferkessel zur Rudolf-Schober-Hütte:

Man steigt zum Greifenberg an und folgt dem Weg zur Preintalerhütte über die Klafferscharte abwärts, aber nur bis zur Wegteilung vor dem Oberen Klaffersee. Da nach rechts zur Breiten Scharte und zum Angersee nach rechts (ausführlich siehe Tour 45). Am See vorbei nach links zur Kaiserscharte und zur Putzentalalm (Bergsteigerquartier, 6 ½ Std., ausführlich siehe Tour 13).
Von der Putzentalalm zum Prebertörl (ausführlich siehe Tour 26), dann nach links unter der Knarrnspitze (eine schmale Stelle und oft ein gefährliches Restschneefeld) zum Rantentörl und über die Hinterkarscharte zum Hubenbauertörl. Dann über die weiten Almböden der Hubenbaueralm zur Schöttlhütte hinab und nach links durch Wald angenehm zur Rudolf-Schober-Hütte (6 ½ Std.).

Die Rudolf-Schober-Hütte ist ein wichtiger Stützpunkt bei der Überschreitung der gesamten Schladminger Tauern

Bild auf der nächsten Seite: Die ruhigen Wasser des Etrachsees mit dem Bauleiteck im Hintergrund

Topographisches Register

(Bergziele, Talorte, Bergseen, Hütten: angeführt werden jene Namen, die in direktem Bezug zu einer Tour stehen)

Literaturverzeichnis

Auferbauer Günter und Luise, Niedere Tauern, Graz 1987

Brandl Sepp, Dachstein-Tauern-Region, Wanderführer, München1992

Buchenauer Liselotte, Höhenwege in den Niederen Tauern, München 1987

Buchenauer Liselotte, Verliebt in die Heimat. Ein Tauernbuch, Graz 1975

Hödl Hans, Bergerlebnis Steiermark, 3. Auflage 1996

Hödl Hans, Das Beste aus: Auf Schusters Rappen, Graz 1991

Hödl Hans, Vom Dachstein ins Weinland, Graz 1998

Holl Peter, Niedere Tauern, 6. Auflage, München 1995

Hutter Clemens M., Erlebnis Wandern Lungau, 2. Auflage Salzburg 2002

Kallen Wim van der/Hödl Hans, Gefährdete Paradiese, Naturlandschaften in Österreich, Graz 1985

Katschner Engelbert, Die schönsten Bergtouren im Lungau und Nockgebiet, Graz 1994

Lazar Reinhold/Lieb Gerhard Karl, Krakau, Ein Landschaftsführer, Graz 1996

Mandl Franz, Die schönsten Almen im Herzen Österreichs, ANISA, Haus im Ennstal 2003

Swoboda Otto, Alpenländisches Brauchtum im Jahreslauf, München 1979

Wödl Hans, Führer durch die Schladminger Tauern, Wien 1924

Wolkinger Franz (Hg.), Natur- und Nationalparks in Österreich, Graz 1996

Alpenvereinsjahrbuch 1978

Berge, Heft 48, Schladminger Tauern

Der Berg, Zeitschrift des Alpenvereins Haus im Ennstal (erscheint zweimal im Jahr, mit interessanten Beiträgen aus der Region)

Dieser Wanderführer ist mit Sorgfalt geschrieben, illustriert und zusammengestellt worden. Dennoch müssen alle Angaben ohne Gewähr erfolgen. Weder dem Autor noch dem Verlag ist es möglich, für Nachteile oder Schäden eine Haftung jedweicher Art zu übernehmen.

Abbildungen:
Coverbild: Im Trattenkar mit Blick zum Hochgolling (links über den Personen), zu Zwerfenberg und Elendberg (Bildmitte).
Bild auf U 4: Beim Zwerfenbergsee

Bildnachweis
Bild Seite 7 oben: Franz Feller, Graz
Bild Seite 80: Karl Glanz, Graz
Bild Seite 86: Alois Pürcher, Bad Mitterndorf
Alle übrigen Fotos stammen vom Autor

Aktualisierte und überarbeitete Neuauflage 2009

Kartographie: arge kartographie
Einbandgestaltung: Siegfried Jesch
Layout: Andrea Malek, Malanda-Buchdesign, Graz
Gesamtherstellung: Leykam Buchverlag

ISBN 3-85489-128-8
www.leykamverlag.at

Herzlich willkommen auf der Fahrlechhütte am Duisitzkarsee!

Die Fahrlechhütte am Duisitzkarsee auf 1.648 Metern Seehöhe

Die Duisitzkaralm ist ein beliebtes Ausflugsziel in Rohrmoos – Untertal und Schladming. Der Duisitzkarsee im Obertal kann von der Eschachalm aus, von Jung und Alt in einer ca. eineinhalbstündigen Wanderung durch die wunderschöne Natur der Schladminger Tauern erreicht werden. Besonders für Familien bietet sich dieses Wanderziel für den Sommerurlaub an. Die Kinder können im See plantschen, mit den Tieren Bekanntschaft machen oder neue Blumen kennen lernen, und der Ausflug wird die Ferien zum Erlebnis werden lassen. Für Speis und Trank ist auf der Fahrlechhütte mit hausgemachten Spezialitäten der Region oder selbstgemachten Milchmixgetränken mit Milch direkt von der Alm gesorgt. Wer einmal den wunderschönen Sonnenuntergang und Sonnenaufgang in den Bergen erleben will, kann gleich im Lager auf der Alm übernachten.

Fahrlechhütte
am Duisitzkarsee

Kontaktdaten:
Elisabeth Reiter
Rohrmoos 40, 8971 Rohrmoos
Tel. 0 36 87 / 614 78-22
elisabeth@schilenz.at
www.fahrlechhuette.at